소소한 일상을 포근하고 따뜻하게 해 줄

가정식 | 패브릭

김우정 지음

BM 성안북스

정직한 감성 손작업, Design It Yourself

소소한 일상을 포근하고 따뜻하게 해 줄
가정식 패브릭

Foreign Copyright:
Joonwon Lee
Address: 127, Yanghwa-ro, Mapo-gu, Chomdan Building 6th floor,
Seoul, Korea
Telephone: 82-70-4345-9818
E-mail: jwlee@cyber.co.kr

2016년 12월 5일 1판 1쇄 인쇄
2016년 12월 12일 1판 1쇄 발행

지은이 | 김우정
발행인 | 최한숙
펴낸곳 | BM 성안북스
주 소 | 04032 서울시 마포구 양화로 127 첨단빌딩 5층(출판기획 R&D 센터)
       10881 경기도 파주시 문발로 112 파주출판문화산업단지(제작 및 물류)
전 화 | 02) 3142-0036
       031) 950-6386
팩 스 | 031) 950-6388
등 록 | 1978.9.18 제406-1978-000001호
출판사 홈페이지 | www.cyber.co.kr
이메일 문의 | sunganbooks@naver.com
ISBN | 978-89-7067-318-9 (13590)
정가 | 18,000원

이 책을 만든 사람들
책임 진행 | 전희경
편집 · 표지 | 디자인 디박스
사진 · 일러스트 | 김우정
홍보 | 박연주
마케팅 | 구본철, 차정욱, 나진호, 이동후, 강호묵
제작 | 김유석

이 책의 어느 부분도 저작권자나 BM 성안북스 발행인의 승인 문서 없이 일부 또는 전부를 사진 복사나 디스크 복사 및 기타 정보 재생 시스템을 비롯하여 현재 알려지거나 향후 발명될 어떤 전기적, 기계적 또는 다른 수단을 통해 복사, 재생하거나 이용할 수 없음.

※ 잘못된 책은 바꾸어 드립니다.

늘 자연을 곁에 두신,
나의 모든 바탕이 된 두 분께

시작하는 이야기

손으로 만드는
작은 움직임을 좋아합니다.

글을 쓰고,
사진을 찍고,
그림을 그리고,
바느질을 합니다.

조물조물
손끝에서 만들 수 있는
무궁무진한 세상들과
정직하게 흘러가는 시간을 좋아합니다.

천천히 하지만 부지런히,
계절이 흐르고
잔잔한 이야기가
차곡차곡 모였습니다.

일상 속에서
새로운 계절을 맞이할 때
누군가에게 마음을 전할 때
여행을 떠날 때
늘 함께했던
패브릭의 온기가
전해진다면 좋겠습니다.

화려하지 않은 문장과 사진의
어느 한 컷이라도
작은 영감이 되기를,
손으로 만드는 기쁨이
누군가의 일상에도 스며들기를
바라봅니다.

목차

첫 번째 이야기 — 더 따뜻한 일상, 패브릭이 있어

- 006 | 시작하는 이야기
- 015 | 굿모닝, 패브릭으로 맞이하는 새로운 아침
- 018 | 키친크로스의 매력
- 022 | **How to Make** | 하루를 따뜻하게 열어주는 키친크로스 만들기
- 024 | 오후의 빛
- 026 | 꽃 같은 하루
- 028 | 화요일의 꽃 수업
- 033 | 드라이플라워 꽃다발
- 035 | **How to Make** | DRY FLOWER BOUQUET
- 036 | 드라이플라워 오너먼트
- 038 | **How to Make** | 하트 모양 오너먼트 만들기
- 040 | 오미자 덩굴과 하트 모양 오너먼트 만들기
- 042 | 한없이 자연에 가까운 소재들, 코튼과 리넨
- 048 | 일상의 동반자, 리넨 에코백 즐기기
- 050 | **How to Make** | 리넨 에코백 만들기_기본형
- 054 | **How to Make** | 리넨 에코백 만들기_숄더형
- 056 | 작업의 시작, 앞치마를 두르고
- 058 | **How to Make** | 앞치마 만들기_치마형 앞치마
- 063 | **How to Make** | 앞치마 만들기_원피스형 매듭 앞치마
- 066 | 은은한 빛을 건네는 거즈와 리넨 소재의 커튼
- 068 | **How to Make** | 터널형 커튼 만들기
- 074 | 세상에서 가장 편안한 잠자리, 리넨 침구
- 078 | **How to Make** | 자루형 베개 커버 만들기
- 081 | **How to Make** | 이불 커버 만들기
- 083 | 행복한 단순노동
- 085 | 자투리의 시간
- 086 | 첫 번째, 미니파우치 만들기
- 088 | **How to Make** | 미니파우치 만들기_끈이 양쪽에 달린 파우치
- 090 | **How to Make** | 미니파우치 만들기_끈이 한쪽에 달린 파우치
- 094 | 두 번째, 컵받침 만들기
- 090 | **How to Make** | 자투리 원단 컵받침 만들기
- 098 | 세 번째, 나만의 태그와 라벨 만들기

두 번째 이야기 — 패브릭으로 먼저 맞이하는 계절

105 | 새로운 계절을 맞이하는 마음
106 | **How to Make** | 패브릭 액자 만들기
113 | 계절을 집안에 들이는 방법
114 | **How to Make** | 화분 커버 만들기
117 | 고향의 봄
118 | 오두막 단장하기, 리넨 그늘막
123 | 한강 나들이를 나갈 때는
124 | **How to Make** | 피크닉 매트 만들기
126 | **How to Make** | 피크닉 매트 가방 만들기
128 | 리넨 원피스와 함께 한 하얀 여름날
135 | 여행을 위한 플로럴 원피스
136 | **How to Make** | 꽃무늬 리넨 원피스 만들기
139 | 근사한 스카프 하나면 충분해
141 | **How to Make** | 스카프 만들기

143 | 숲속 공방
144 | 티셔츠에 자수 놓기
146 | 낡은 스웨터의 착한 변신
148 | **How to Make** | 낡은 스웨터로 꽃병 커버 만들기
149 | **How to Make** | 블랭킷 스티치
150 | 찬바람이 불면 무릎 담요가 필요해
153 | **How to Make** | 거즈 담요 만들기
154 | 작은 소품으로 크리스마스 기분 내기
156 | **How to Make** | 크리스마스 오너먼트 만들기
159 | **How to Make** | 갈랜드 만들기
161 | 새롭게 맞이할 시간을 위해
162 | 패브릭 달력

세 번째 이야기

패브릭 소품 — 따뜻한 마음을 전하는

- 166 | Believe, 부부의 약속
- 168 | **How to Make** | 자수 갈랜드 만들기
- 170 | **How to Make** | 태슬 만들기
- 172 | **How to Make** | 어딘가에 태슬을 달고 싶다면
- 174 | 엄마를 위한 방석
- 176 | **How to Make** | 지퍼 없는 간단한 방석 커버 만들기
- 178 | 친구의 집을 위한 쿠션
- 180 | **How to Make** | 지퍼 없는 간단한 쿠션 커버 만들기
- 182 | 엄마가 된 친구들
- 184 | **How to Make** | 삼각 스카프 만들기
- 186 | **How to Make** | 폼폼 스카프 만들기
- 189 | **How to Make** | 태슬 달린 이중거즈 스카프 만들기
- 190 | 조카 후후의 애착인형 친구들, HUHU'S FRIENDS
- 192 | **How to Make** | 첫 번째 친구, 이뇨니
- 194 | **How to Make** | 두 번째 친구, 낸내코코
- 196 | **How to Make** | 세 번째 친구, 구름
- 198 | **How to Make** | 네 번째 친구, 선인장
- 200 | **How to Make** | 다섯 번째 친구, 플라밍고
- 204 | 어린 소녀를 위한 토끼 리본 머리띠
- 206 | **How to Make** | 토끼 리본 머리띠 만들기
- 208 | 패브릭 고깔모자와 함께하는 생일파티
- 209 | **How to Make** | 고깔모자 만들기
- 210 | 선물의 집
- 212 | 마음을 담는 나만의 포장법

네 번째 이야기

패브릭과 함께 한 영감 가득한 순간들

219 | 나의 기록법
220 | 작은 그림 한 장의 힘
222 | 수집, 물건 이야기
224 | 닮고 싶은 오래된 상점들
226 | 백 년이 넘은 부자재 가게 in Padova
228 | 느긋한 손길 in Shoreditch
230 | 나만의 비밀 장소 Mercerie in Paris
233 | 당분간은 나를 위해서만 in Chiang Mai
236 | 리넨 소품이 가득한 시모키타자와의 오후 2시 반
241 | 정겨운 가정식 패브릭을 만났던 토스카나 농가 민박
244 | 리넨 앞치마, 키친크로스와 함께 한 유럽에서의 아름다운 식사
248 | 리넨 원피스와 함께 한 5월의 제주
253 | 낸내코코와 함께 한 여행
254 | 영감을 주는 미술관 나들이
259 | 자연과의 조화, 루이지애나 현대미술관
262 | 무지갯빛 산책, 아로스 오르후스 쿤스트뮤지엄
264 | 세잔의 아틀리에
266 | 시간을 간직한 풍경
272 | 이 순간을 기억해

Special Tip

275 | 패브릭의 분류
277 | 원단 시장

첫 번째 이야기

패브릭이
있어
더 따뜻한
일상

굿모닝, 패브릭으로 맞이하는 새로운 아침

늘 새로이 선물 받는 하루.
어떤 날은 조금 천천히, 어떤 날은 조금 빨리
지나가 주길 바랄 때도 있지만
정직하게 하루를 온전히 보내고 나서야
또다시 새로운 하루가 시작되는
참 공평한 이치.

언제나 맑은 빛을 투과시켜 주는
거즈 커튼에게도
머리맡 동물 친구들에게도
고이 접어 둔 원단들에게도
낸내코코 인형들에게도
그리고 나에게도 똑같이 주어지는
새로운 하루.

간단하지만 정성 들여 아침 식사를 준비하고
때로는 거실 테이블에서, 때로는 침대에서
맘에 드는 키친크로스 하나를 꺼내 깔고
나를 위한 작은 상을 차린다.
키친크로스 위의 작은 공간이
오롯이 나만을 위한 곳 같아 뿌듯해하면서.

아침을 먹으며
하루 일과와 해야 할 일,
간밤에 떠오른 것들, 잊어선 안 되는 것들을
메모하고 생각을 정리한다.
오늘도 천천히, 하지만 부지런히
살겠습니다-라고 다짐하는
나의 따뜻한 아침 시간.

키친크로스의 매력

리넨 원단이나 코튼 원단을 활용해
사각형 모양으로 만든 키친크로스는
그릇의 물기를 제거하거나
음식을 먹기 위해
테이블 매트로 사용하는 것 외에도
원하는 사이즈에 따라
다양한 용도로 사용할 수 있다.
밥솥이나 TV 등 가정에서 사용하는
전자제품을 덮어
먼지가 쌓이는 것을 방지할 수도 있고
조금 큰 사이즈로 만들어 테이블보로도,
가까운 나들이를 갈 때는
도시락이나 과일 보자기로도 활용할 수 있다.
쉽게 만들어 다양한 용도로 사용할 수 있는
키친크로스의 매력.

하루를 따뜻하게 열어주는
키친크로스 만들기

How to Make

준비물

면이나 리넨 소재의 원단, 고리용 테이프, 시침핀

STEP 1

면이나 리넨 원단을 준비합니다.
원하는 사이즈에 시접 분량을 더해
재단해 줍니다.
가로 50cm × 세로 35cm의 사이즈를 만들 경우,
접어 박을 시접 분량 2cm를 더해
가로 54cm × 세로 39cm의 크기로 재단해 줍니다.

STEP 2

시접을 1cm 너비로 두 번 접어 시침핀으로
잘 고정해 줍니다. 시침핀은 시접에 직각으로
꽂아 줍니다.

STEP 3

일자 박기로 시접의 끝부분을 박아 줍니다.
이때, 모서리 부분에 테이프를 그림과 같이
물려서 박아 주면 고리로 사용할 수 있습니다.

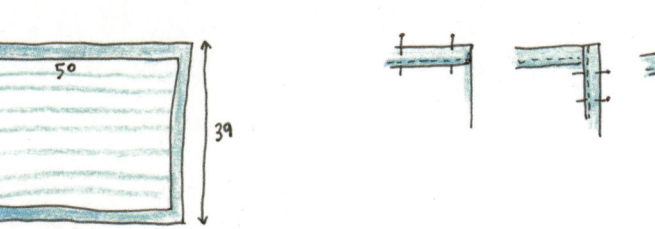

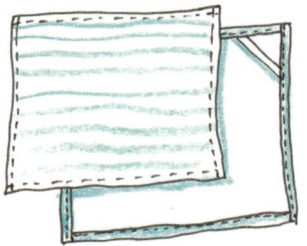

오후의 빛

언제부터인가 가장 좋아하는 시간.
오후의 빛을 머금은 집을 바라보는 일.

아침 일찍 나가 늦은 저녁에나 집에 들어오던
직장 생활을 할 때는 알지 못했던 오후라는 시간.

내가 없던 집은
혼자서 이렇게 하루를 보내고 있었구나 라고 생각하니
왠지 대견하기도 한 풍경이다.

거실로 비스듬하게 햇빛이 비치는 오후가 되면
집에는 온기가 가득 차오르고
엷은 라일락빛 거실 벽에는
그날그날의 주인공이 등장하는데
필 듯 말 듯 애를 쓰고 있는
양귀비 혹은 라넌큘러스의 꽃망울이기도 하고
곱게 말라 꽃잎을 떨어뜨리는 설유화이기도 하다.

활짝 피었다가 지는 꽃들의 매일 다른 풍경이 있는가 하면
한결같이 자리를 지키는 끈기 있는 친구들도 있다.
어제와 같은 듯하지만 서서히 자라고 있는 선인장,
이 풍경을 하루하루의 날짜로 기억하는 패브릭 달력,
봄을 맞아 꽃무늬 패턴으로 옷을 갈아입은 액자도
고운 모습으로 오후의 빛을 즐기고 있다.

이런 평온한 풍경의 한편에는
액자 속에서 천천히 세월을 보내고 있는
어린 시절의 나와 신혼 시절의 부모님도 있다.

콘크리트로 지어진 차가운 건물 안이지만
따뜻함을 지닌 식물과 패브릭,
거기에 오후의 빛이 더해져서
부드럽게 반짝거린다.

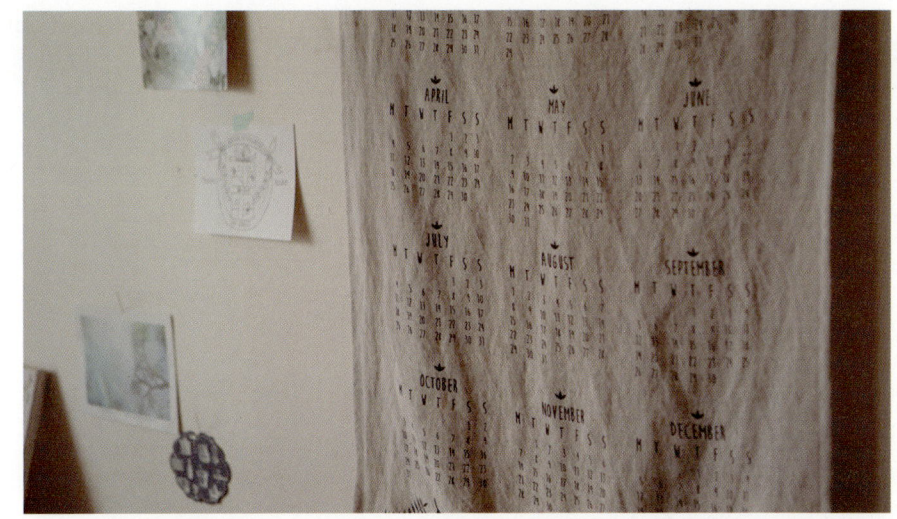

꽃 같은 하루

꽃은 선물로 받아도 좋지만
스스로 구입하는 기쁨도 크다.

종종 나를 위한 꽃을 사기 위해
주말 아침 꽃 시장에 들러
그 계절의 꽃을 구경하고
마음에 드는 꽃 몇 단을 사서
집 곳곳에 놓아두기도 한다.

어느 날의 수국,
어느 날의 튤립,
어느 날의 작약.

특별한 날이 아니어도
일상에 꽃이 함께 한다는 게 참 좋다.
꽃과 함께라면
꽃 같은 하루를 보낼 수 있으니.

화요일의 꽃 수업

매주 화요일은
꽃을 만나러 가는 시간.

다양한 꽃의 종류를 배우고
꽃을 매만지는 여러가지 방법을 배우지만
때로는 방법적인 것들은 잊은 채 그저 꽃을 대하는 것만으로
자연이 빚어낸 오묘한 생김새와 빛깔에
빠져들곤 한다.

잠시 바쁜 일상을 벗어나
비밀의 화원 같은 보떼봉떼 아틀리에에서 보내는 시간은
꽃을 닮은 사람들과의 즐거운 수다까지 더해져서
일상의 쉼표가 된다.

웃음꽃이 만발했던 수업이 끝나고 집으로 돌아올 때면
어느샌가 어여쁜 꽃 한 줌 손에 들려 있는 짧은 여행.

덕분에, 화요일에 만나는 누군가에게
깜짝 선물을 줄 수 있는 설렘과
꽃을 바라보며 하루를 시작하는 기쁨
달콤한 꽃향기가 은은한 침실의 낭만도 함께 한다.

꽃과 함께 한다는 것.

* 포맨더, 캔들 장식은 모두 보떼봉떼 플라워 클래스의 디자인들입니다.

드라이플라워 꽃다발

꽃 수업을 들으면서
집에 말린 꽃들이 늘어났다.

처음의 생기발랄함 대신
세월이 주는 고운 빛깔이 내려앉아
새로운 색을 지니게 된 꽃들.

친구의 생일을 맞아 이쁜 아이들만 추려내
핸드타이 꽃다발을 만들고
핑크빛 리넨 원단으로
손잡이 부분을 감아 주었더니
색이 고운 드라이플라워 꽃다발이 만들어졌다.

직접 만든 린넨백에
손으로 꾹꾹 눌러 쓴 편지와 선물,
꽃다발을 담아 친구에게로 간다.

스무 살 그때처럼
여전히 붕어빵을 좋아하는 너와
그때보다 조금 비싸진 붕어빵을 나눠 먹는다.

옅은 색이 잘 어울리는 너에게
어울리는 작은 꽃다발과 함께.

How to Make

준비물

잘 말린 꽃가지, 리넨 원단, 스웨이드 끈(또는 원하는 소재), 시침핀

STEP 1

잘 마른 꽃을 모아 핸드타이 부케를 만들어 줍니다.
스웨이드 끈으로 묶어서 고정해 준 뒤,
줄기 부분을 리넨 원단으로 감싸 줍니다.

STEP 2

감싸 준 원단 끝부분은 접어서
안으로 넣어 준 뒤,
위아래로 핀을 꽂아 고정해 줍니다.

드라이플라워
오너먼트

잘 마른 꽃은
꽃병에 꽂아 두어도 이쁘지만
작은 다발을 만들어 방문에 붙여두기도 한다.

침실 방문에 붙여두기 위해
잘 말려진 작은 꽃들을 모으고
거기에 어울리는 하트 모양 오너먼트를
리넨 원단으로 만들어 주었다.
시간이 지나도 변함없이 고운 꽃처럼
우리의 시간이 지나간 자리에도
고운 색이 남길 바라며.

How to Make

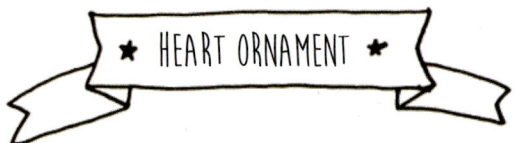

하트 모양 오너먼트 만들기

준비물

리넨 원단, 끈, 솜, 기화펜, 도장

STEP 1

원단과 끈, 기화펜(물에 지워지는 펜)을 준비합니다.

★ 실물 패턴이 부록에 있습니다.

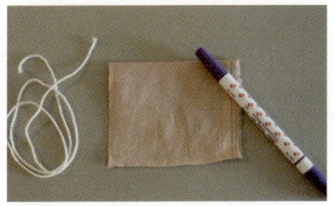

STEP 2

원단 2장을 겉면이 마주하도록 겹치고 원단에 원하는 하트 모양의 도안을 그려줍니다.

STEP 3

도안에 시접 1cm를 더해 재단해 주고 끈이 달릴 위치에 끈을 고정합니다. 끈은 도안 안쪽을 향하도록 합니다.

끈이 길 경우, 창구멍 쪽으로 빼 둡니다. 도안 모양을 따라 창구멍을 남기고 봉제해 줍니다.

STEP 4

시접을 깔끔히 잘라내고, 곡선 부분과 뾰족한 부분에는 가위밥을 주어 창구멍으로 뒤집어 줍니다.

STEP 5

솜을 넣기 전, 원하는 문구의 도장을 찍어 장식합니다.

STEP 6

창구멍에 솜을 넣어 줍니다.

STEP 7

창구멍을 손바느질로 마감해 줍니다.

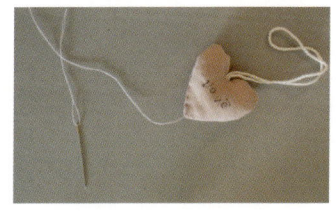

STEP 8

완성! 드라이플라워와 함께 묶어 집안을 장식해 보세요!

오미자 덩굴과 하트 모양 오너먼트

조금 크게 만든 하트 모양 오너먼트와
꽃 수업의 재료였던 오미자 덩굴을 이용해 만든
작은 리스 장식.

오미자 덩굴 가지를 동그랗게 만들고
가운데에 하트 모양 오너먼트를 고정해 벽에 매달아 주면
붉은 열매가 주렁주렁 달린 작은 리스 완성.

한없이 자연에 가까운 소재들,
코튼과 리넨

시간이 흐를수록 고운 빛을 내는 리넨 소재

따스한 온기를 간직한, 부드러움이 느껴지는 다양한 색상의 코튼 소재

옷이 좋아 의류학과에 입학했을 때가
2001년이었으니
옷을 만들고 원단을 만져온 지도
어느새 열여섯 해 남짓.

대학 시절 친구들과 만나면
서로에게 여전히 변한 게 하나도 없다고
얘기하지만
제삼자가 보면 참 많이도 변했을 거라며
웃곤 한다.

그 변함없는 혹은 수많은 변함의 세월 동안
어느새 옷을 만드는 일은 직업이 되어
매해 수없이 많은 옷을 디자인하고,
수많은 원단을 만졌다.

원단을 대할 때면
'원단은 살아있는 생물과 같다'라는
소재 팀장님의 말씀이 늘 떠오르는데,
정말이지 그러하다.
각각의 소재가 가지고 있는 특성을 살펴보면
그들의 기질과 성격이 드러난다.

많고 많은 원단 중에서
내가 가장 좋아하는 소재는
천연 소재 중에서도 식물성 소재인
면과 마, 즉 코튼과 리넨이다.
스스로를 과시하지 않는 성격을 지닌
이 원단들은
질리지 않는 투박한 멋이 있고,
특유의 따스함이 있다.

요즘은 워낙 기술이 발달하여
천연 소재가 가지지 못하는
여러 기능과 자태를 가진
다양한 합성 소재도 많지만,
매끄러운 광택이나 부드러움은 부족할지라도
자연이 만들어 낸 소재에는
그들이 자라나기까지 머금은 햇살만큼의
은은한 온기가 있다.

코튼(면)은 본래의 모습인 목화만 보아도
이 소재가 얼마나 따스할지 느껴진다.

따스한 성격을 지닌 코튼은 온화하고,
바람이 잘 통하고, 물도 잘 흡수한다.
이렇게 장점이 많은 덕분에
옷의 소재로 가장 많이 사용되면서
상처를 치료히는 얇은 거스로도
그림을 그리는 화폭인 캔버스로도
포근한 목화솜으로도 사용된다.

그리고 목화는 그 자체로도 아름다워
그저 화병에 꽂아 두거나
겨울철에는 리스로 만들어도 사랑스럽다.

인류가 코튼을 의복 소재로 사용한 세월이
무려 4,000~5,000여 년이라고 하니,
우리가 눈치채지 못할 만큼 오래도록
가까운 곳에 있는 친숙한 친구.

반면, 리넨(마)은 여름철 소재로 적합한
시원한 성격을 지녔다.
특히나 시간이 지날수록
은은하게 제 빛깔을 드러내는 점이
아주 매력적이다.
그 빛깔이 고와서 한 번 빠져든 사람들은
계속 다시 찾게 되는,
별다른 기교나 꾸밈없이
구겨진 그대로도 멋스러운 친구.

좋은 원단을 만난다는 건
좋은 친구를 사귀는 것처럼 설레는 일이다.

오래 두고 보면 좋은 친구,
코튼과 리넨.

일상의 동반자,
리넨 에코백 즐기기

언젠가부터
무거운 가방에는 어쩐지 손이 잘 가지 않아
매일 들게 된 에코백.

에코백 원래의 목적에 맞게
오래도록 사용할 수 있도록
시간이 지나도 멋스러운
고운 색의 리넨 원단을 골라 만든
나만의 리넨 에코백.

여러가지 색으로 만들어
골라 드는 재미가 있는,
일상에서도 여행에서도
에코백과 함께하는 나날들.

How to Make

리넨 에코백 만들기 _ 기본형

준비물 | 리넨 원단, 시침핀, 젓가락

STEP 1

끈이 두 개인 기본 에코백의
형태입니다.
원하는 사이즈의 가방에
시접 분량을 더해 재단해 줍니다.

완성 사이즈
가방 : 가로 40cm × 세로 40cm
끈 : 너비 2cm × 길이 60cm

재단 사이즈
가방
가로 : 40cm + 좌/우 시접 각 1cm
세로 : (40cm + 입구 시접 4cm) × 2 (접어서 사용)
가로 42cm × 세로 88cm

끈
너비 : (2cm + 시접 1cm) × 2 (접어서 사용)
길이 : 60cm + 가방 입구에 물릴 시접 각 4 cm
가로 6cm × 길이 68cm로 2장 재단합니다.

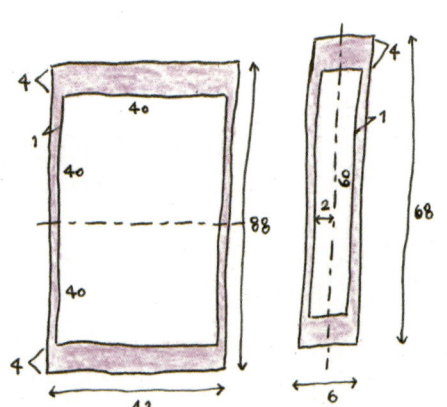

STEP 2

가방끈은 반으로 접어 한쪽만 막아서 박아 준 뒤
긴 젓가락 등을 이용해 뒤집어 줍니다.
이렇게 2개의 끈을 준비해 줍니다.

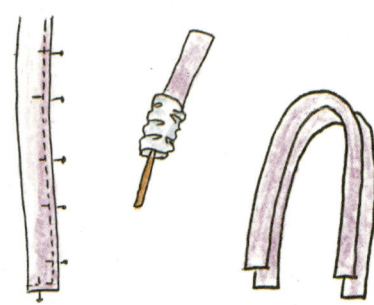

STEP 3

가방 몸판 부분을 반으로 접어 시침핀으로 고정한 후 양옆의 시접 1cm를 띄우고 박아 줍니다. 시접은 올이 풀리지 않도록 지그재그나 오버로크로 마감해 줍니다.

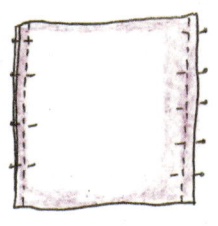 

STEP 4

가방 입구 부분 시접을 접어 줍니다. 1cm를 먼저 접고, 3cm를 접어 시침핀으로 고정해 줍니다. 이때, 준비된 가방끈을 아래로 향하도록 하여 함께 물려 시접 끝부분에 일자 박기로 박아 줍니다.

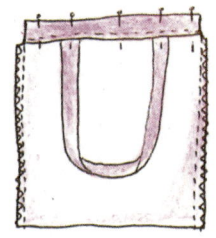

STEP 5

가방끈을 위로 꺾은 후 가방 입구 부분에 끝 스티치를 눌러 한 번 더 고정해 줍니다.

STEP 6

뒤집어 주면 완성입니다.

TIP 원하는 메시지나 그림을 자수로 수놓아 장식하면 세상에 하나 뿐인 나만의 에코백을 가질 수 있습니다.

How to Make

리넨 에코백 만들기 _ 숄더형

준비물 | 린넨 원단, 시침핀, 젓가락

STEP 1

조금 긴 끈의 형태에
끈이 하나인 숄더형입니다.
원하는 사이즈의 가방에
시접 분량을 더해 재단해 줍니다.

완성 사이즈
가방 : 가로 40cm × 세로 40cm
끈 : 너비 3cm × 길이 80cm

재단 사이즈
가방
가로 : 40cm + 좌/우 시접 각 1cm
세로 : (40cm + 입구 시접 4cm) × 2 (접어서 사용)
가로 42cm × 세로 88cm

끈
너비 : (3cm + 시접 1cm) × 2 (접어서 사용)
길이 : 80cm + 가방 입구에 물릴 시접 각 4cm
가로 8cm × 길이 88cm로 2장 재단합니다.

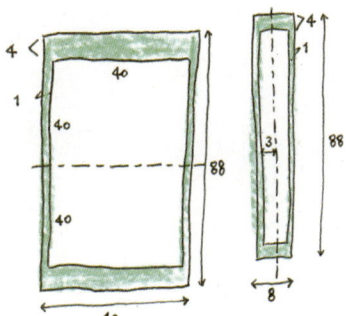

STEP 2

가방끈은 반으로 접어 한쪽만 막아서 박아 준 뒤,
긴 젓가락 등을 이용해 뒤집어 줍니다.
이렇게 2개의 끈을 준비해 줍니다.

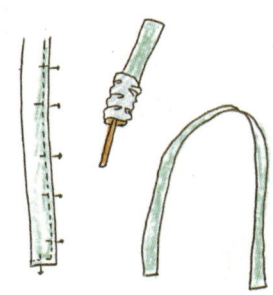

STEP 3

가방 몸판 부분을 반으로 접어
시침핀으로 고정한 후
양옆의 시접 1cm를 띄우고
박아 줍니다. 시접은 올이 풀리지
않도록 지그재그나 오버로크로
마감해 줍니다.

STEP 4

가방 입구 부분 시접을 접어 줍니다.
1cm를 먼저 접고,
3cm를 접어 시침핀으로 고정해 줍니다.
이때, 준비된 가방끈은
아래로 향하도록 양옆의 중심에 물린 후,
시접 끝부분에 일자 박기로 박아 줍니다.

STEP 5

가방끈을 위로 꺾은 후,
가방 입구 부분에 끝 스티치를 눌러
한 번 더 고정해 줍니다.

STEP 6

뒤집어 주면 완성입니다.

TIP 원하는 메시지나 그림을 자수로 수놓아 장식하면 세상에 하나 뿐인 나만의 에코백이 됩니다.

작업의 시작, 앞치마를 두르고

앞치마를 두른다.

성격이 본디 느긋한 편도 아닌 데다
정해진 시간 안에 효율적으로
일을 해내는 것이 중요했던
디자이너로 살았던 시간까지 더해져서
느리게 산다는 것은 나에겐 먼 얘기였다.

더 최선을 다해야 한다고
스스로를 채근하던 때가
자신을 몰아붙일 때가 있었다.

시간이 지나면서 내가 옳다고 믿었던 것들이
꼭 그렇지 않을 수 있다는 걸 배워간다.
세월이 알려 주는 값진 교훈.

더 천천히 해도 된다고, 서두르지 않아도 된다고
스스로에게 이야기해 주는 요즘.

작업을 앞두고 앞치마를 두르면
이상하게 마음이 차분해진다.

한 걸음 느긋하게, 급할 거 없이
일상을 하나하나 해내면 되는 거야–라고
주문을 거는 의식과도 같은 시간.

앞치마를 두르고 작업하는 요즘의 나의 시간은
삶의 느긋함을 배워가는
조용한 변화의 시간이기도 하다.

How to Make

앞치마 만들기 _ 치마형 앞치마

준비물

원단, 허리끈용 폭 2.5cm 테이프

STEP 1

치마형 앞치마에
다른 사이즈의 주머니가 두 개 달린,
끈으로 허리끈을 만든 스타일입니다.

몸판
완성 사이즈 : 가로 80cm × 세로 65cm
시접 분량 : 사방 4cm
재단 사이즈 : 가로 88cm × 세로 73cm

주머니 1
완성 사이즈 : 가로 25cm × 세로 18cm
시접 분량 : 주머니 입구 3cm, 나머지 면 1cm
재단 사이즈 : 가로 27cm × 세로 22cm

주머니 2
완성 사이즈 : 가로 20cm × 세로 18cm
시접 분량 : 주머니 입구 3cm, 나머지 면 1cm
재단 사이즈 : 가로 22cm × 세로 22cm

스트라이프 원단을 사용할 경우,
재단 시에 몸판과 주머니의 패턴 방향을
달리하면 재미를 줄 수 있습니다.

끈
2.5cm 폭의 테이프를 100cm 길이로
2개 준비해 줍니다.

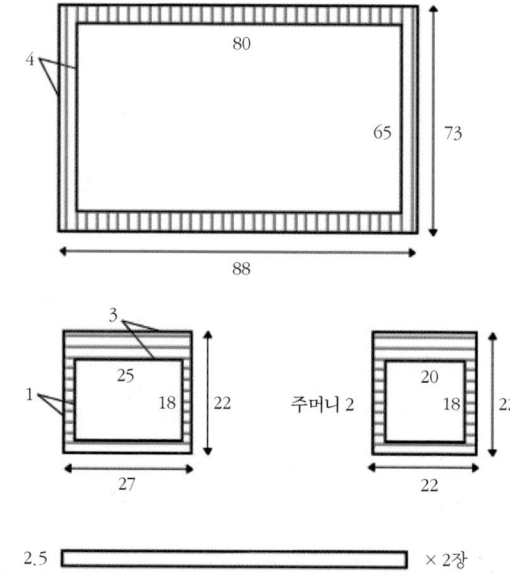

STEP 2

a. 몸판의 시접을 두 번 꺾어 박아 줍니다.
   1cm를 먼저 꺾은 후,
   3cm를 꺾어 박아 줍니다.

b. 허리 부분의 시접을 가장 마지막에
   박아 줍니다.
   이때 양옆으로 허리끈을 물려서
   함께 박아 준 뒤,
   다시 한 번 눌러 박아 줍니다.
   (붉은 스티치)

c. 허리끈이 되는 테이프의 끝부분도
   올이 풀리지 않도록 두 번 접어 박아
   마무리해 줍니다.
   (붉은 스티치)

STEP 3

d. 주머니 입구 부분의 시접을 두 번 꺾어
   (1cm를 먼저 꺾은 후, 2cm를 꺾어)
   박아 줍니다.

e. 나머지 면의 시접(하늘색 부분)을 안으로 꺾어
   주머니 모양을 만들고,
   주머니가 달릴 위치에 시침핀으로 고정한 후,
   테두리를 끝 스티치로 눌러 박아 줍니다.
   (붉은 스티치)

   넓은 폭의 주머니는 한 번 더(초록선) 눌러 박아
   공간을 분리해 사용할 수도 있습니다.

MY APRON 1

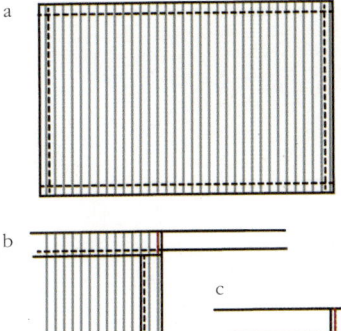

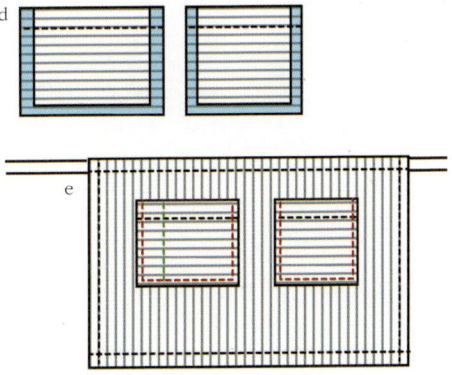

How to Make

앞치마 만들기 _ 원피스형 매듭 앞치마

준비물 | 리넨 원단

STEP 1

몸판
폭 90cm × 길이 80cm의 완성 사이즈에
직선 부분 시접 3cm,
곡선 부분 시접 2cm를 더해
재단해 줍니다.

✿ 실물 패턴이 부록에 있습니다.

주머니
완성 사이즈 : 가로 20cm × 세로 18cm
시접 분량 : 주머니 입구 3cm, 나머지 면 1cm
재단 사이즈 : 가로 22cm × 세로 22cm
2장 재단해 줍니다.

허리끈/목끈
완성 사이즈 : 너비 2cm × 길이 90~95cm
시접 분량 : 사방 1cm
재단 사이즈 : 너비 6cm × 길이 100cm로
3장 재단해 줍니다.

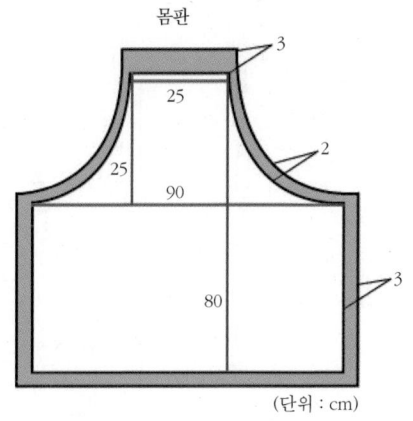

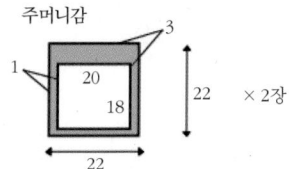

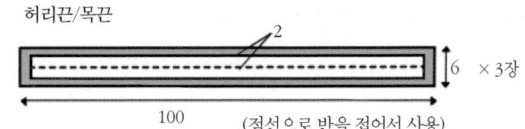

STEP 2

끈
반으로 접어 시접을 띄우고
한쪽 끈부분만을 막아서 봉제한 후,
긴 젓가락 등의 도구를 이용해
뒤집어서 준비해 줍니다.

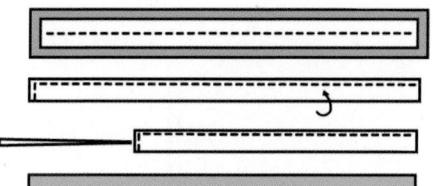

주머니
입구 부분을 1cm를 먼저 접고,
2cm를 접어 박아 줍니다.
나머지 면의 시접 1cm를 안으로 꺾어
잘 다린 후, 몸판에 부착할 준비를
해 둡니다.

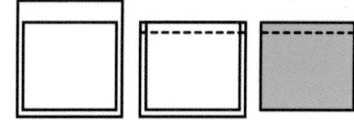

STEP 3

a. 몸판 시접은 두 번 접어 박아 줍니다.
   시접은 1cm를 먼저 접고, 2cm를 접어 박아 줍니다.
   곡선 부분은 1cm를 두 번 접어 박아 줍니다.

b. 몸판 시접을 박을 때,
   허리끈과 목끈을 함께 물려 박아 줍니다.

c. 그런 뒤 바깥을 향하도록 꺾어,
   윗부분에 고정 스티치를 한 번 더 눌러 박아 줍니다.

STEP 4

STEP 2에서 준비해 둔 몸판의 주머니를 매달 위치에 시침핀으로 고정한 후, 테두리를 눌러 박아 줍니다.

손의 드나듦이 많은 입구 부분은 되돌아 박기나 삼각형 모양으로 봉제하여 튼튼하게 고정합니다.

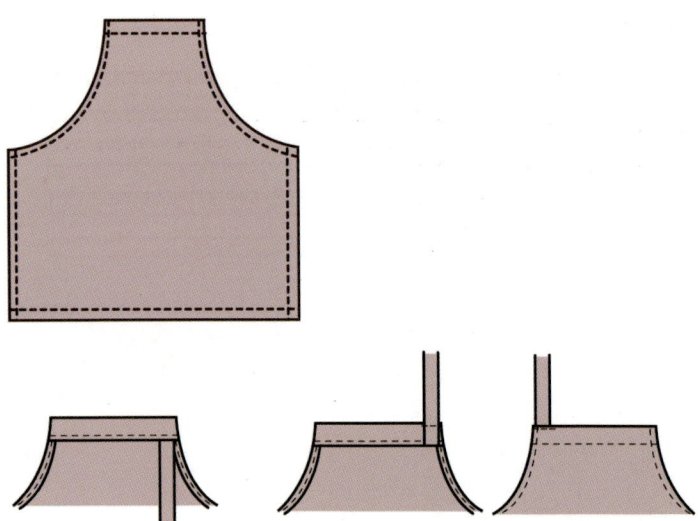
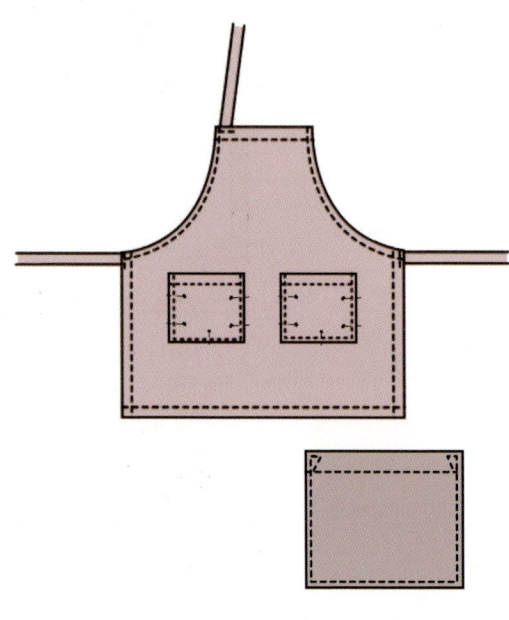

STEP 5

목끈의 반대편에 단춧구멍을 뚫어
끈이 통과되도록 합니다.
끈을 통과시켜 매듭을 묶으면 완성입니다.

단춧구멍은 단춧구멍 노루발을 사용해서
재봉틀로 기호에 따라 a, b, c, d의 순서로
박음질하여 직사각형의 모양으로 만든 후,
가운데 구멍을 뚫어 줍니다.

만약, 단춧구멍 대신 끈으로만 만들고 싶다면
목끈을 2개 만들어
STEP 3에서 양쪽에 박아 리본을 묶어
사용하면 됩니다.

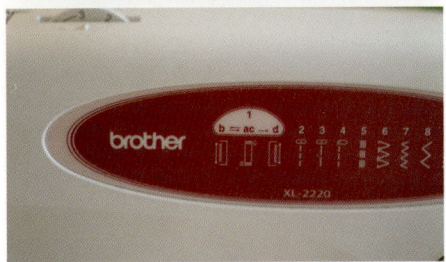

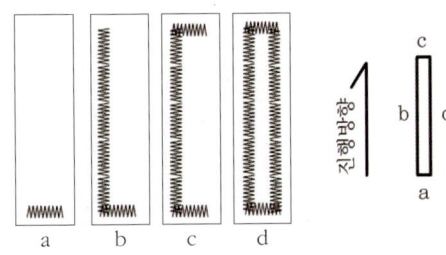

MY APRON.

은은한 빛을 건네는
거즈와 리넨 소재의 커튼

거즈와 리넨 소재로 만든
우리집 안방과 거실의 커튼.

깨끗한 하얀색의 주름진 거즈 소재를 사용해
차분하지만 여성스러운 느낌의 안방.

엷은 핑크빛의 리넨 소재의
깔끔한 느낌의 거실.

너무 두껍지 않은 소재들은
적당히 빛을 걸러주어 좋다.
빛이 완전히 차단되어 어두운 것보다
집안에 햇빛의 여운이
은은하게 감도는 것이 좋다.

How to Make

터널형 커튼 만들기

준비물

커튼용 원단, 커튼봉, 시침핀

집에서 비교적 쉽게 만들 수 있는 터널형 커튼을 만드는 방법을 소개합니다.

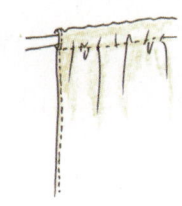

STEP 1

원하는 공간의 폭과 높이를 잽니다.
높이는 커튼봉의 윗부분에서
바닥까지의 길이입니다.

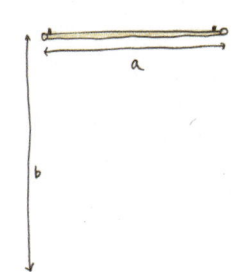

STEP 2

원단의 폭은 실제 폭보다
1.5배 정도 여유를 주어
주름이 자연스럽게 지도록 합니다.
원단의 폭보다 공간이 넓을 경우에는
원단을 이어서 사용합니다.

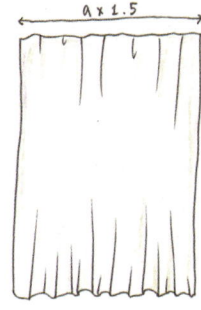

STEP 3

시접 분량을 더해 원단을 재단해 줍니다.

재단 사이즈
가로 : a × 1.5배 + 좌/우 시접
세로 : b + 터널 시접 + 밑단 시접
좌/우 시접 : 각 4cm
밑단 시접 : 7cm
터널 시접 : 12cm
밑단은 조금 넓게,
터널은 봉을 통과할 분량만큼 넉넉히
설정해 줍니다.

STEP 4

각각의 시접은
두 번 접어 시침핀으로 고정해 준 뒤,
일자 박기로 박아 줍니다.
좌/우 시접은 2cm로 두 번 접어,
밑단/터널 부분은 2cm를 접은 후,
5cm/10cm로 접어서 박아 줍니다.
커튼봉이 들어갈 터널 부분은
가장 마지막에 봉제하여
입구가 막히지 않도록 주의합니다.

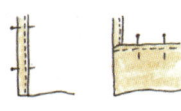
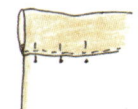

커튼 소요량 계산의 예

가로 200cm × 높이 220cm의 공간에,
커튼을 양쪽 2장으로 만들고
싶을 경우

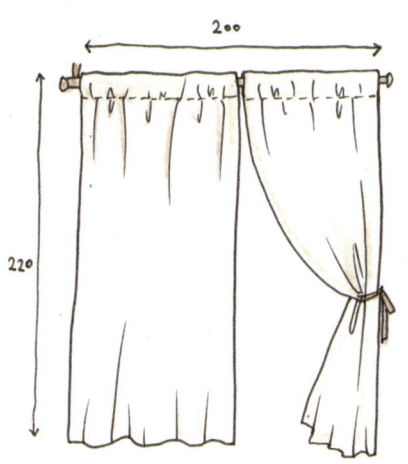

● 완성 사이즈

가로 폭 200cm를
커튼 2장으로 만들어 줄 때,
1장의 완성 사이즈 가로 폭은
100cm에 커튼 주름 분량
1.5배를 곱한 150cm입니다.
전체 완성 사이즈는
가로 150cm × 세로 220cm
2장이 됩니다.

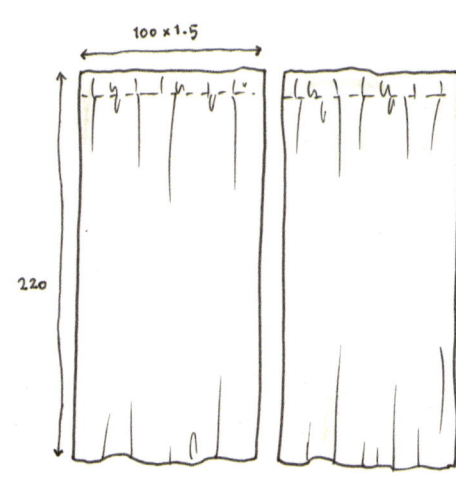

● 재단 사이즈

완성 사이즈 + 시접
시접은 원하는 만큼 설정해 줍니다.

시접을
좌/우는 각 4cm (2cm를 두 번 접어 박기)
밑단 7cm (2cm를 접고, 5cm를 접어 박기)
터널 12cm (2cm를 접고, 10cm를 접어 박기)
로 설정해 주었을 때의 재단 사이즈는

가로 150 + 4 + 4 = 158cm
높이 220 + 7 + 12 = 239cm가
2장 필요한 셈입니다.

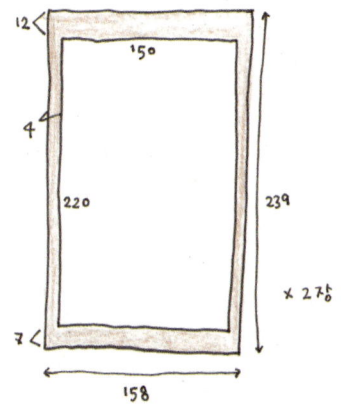

● 원단 소요량 구하기

원단 1마의 길이가 90cm이니,
239cm를 90으로 나누면 필요한
원단 소요량을 알 수 있습니다.

커튼 1장을 만드는 데 필요한 소요량은
239/90 = 약 2.7마(yard)
2장을 만들기 위해서는
약 5.4마(yard)가 필요합니다.

● 원단 폭이 만드는 폭보다 작은 경우

만약 원단 폭이 완성 폭 158cm보다 작은 경우.

예를 들어 원단의 최대 폭이 120cm라면,
158cm의 폭을 만들기 위해
원단을 이어서 사용해야 합니다.

A : 가로 120cm × 세로 239cm 2장,
B : 40cm (38 + 연결 시접분 2cm) × 239cm
2장의 재단물이 필요합니다.

· A부분 소요량 : 2.7마 × 2장 = 5.4마(yard)
· B부분 소요량 :
폭 40cm의 원단 2장이 필요함으로
2장의 폭의 합이 원단 폭 120cm를 넘지 않으므로
2.7마의 원단을 세로로 나눠 사용할 수 있습니다.
그러므로, 추가로 필요한 원단의 양은
2.7마(yard)입니다.

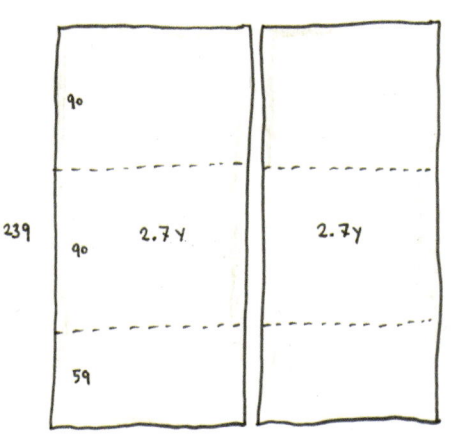

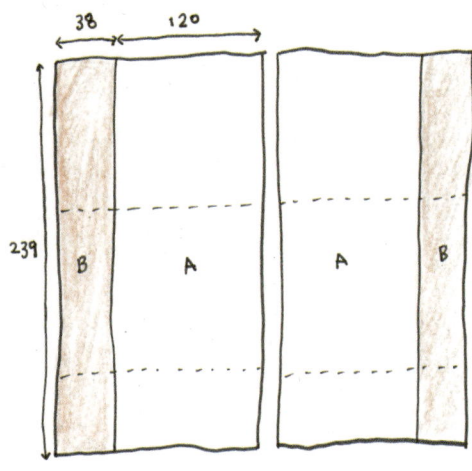

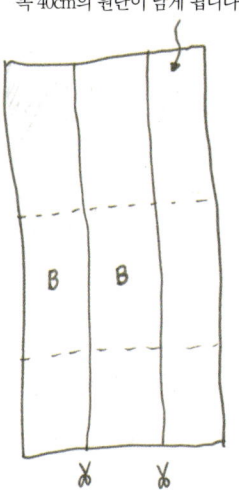

2.7마(yard)의 원단으로
B부분을 사용하고 나면
폭 40cm의 원단이 남게 됩니다.

집에서 손쉽게 만들어 볼 수 있는 다양한 커튼의 종류

● 터널형

원단으로 터널을 만들어 커튼봉을 통과시킨 형태.
얇은 원단으로 만들기 적합하며 직접 원단을 봉에 끼워
원하는 주름의 형태를 만들 수 있다.

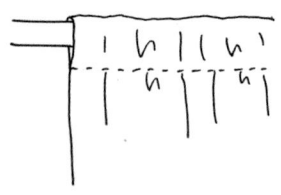

● 링 & 핀형

가장 일반적인 형태로, 커튼의 윗부분에 S자 모양의 핀을 꽂아
커튼봉에 끼워진 링이나 레일에 연결된 작은 고리에
핀을 끼워주는 형태로 커튼봉 내에서의 이동이 자유롭다.
터널형과 만드는 방법은 동일하나, 커튼의 높이는 링에서부터 바닥까지로 조금 줄어든다.
S자 모양의 핀이 꽂히는 윗부분에 심지를 부착해 원단을 더욱 튼튼히 할 수도 있다.

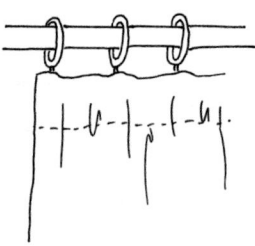

● 고리형 & 리본형

커튼의 윗부분에 원단으로 고리를 만들어 고리 부분에 커튼봉을 통과시키는 형태.
고리를 만들거나 리본을 만들어 연출할 수 있다.
터널형과 만드는 방법은 동일하나, 커튼의 높이는 고리 부분을 제외하고 측정한다.
리본과 고리는 시접에 물려 박은 후 위로 꺾어 주거나,
제 원단으로 만든 안감 사이에 물려서 박아준다.

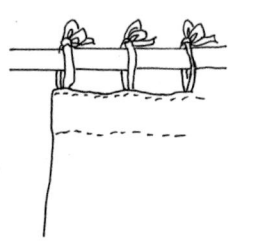 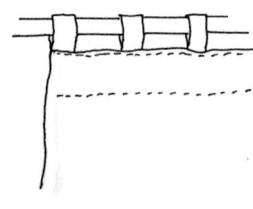

세상에서 가장 편안한 잠자리, 리넨 침구

햇볕에 바싹 잘 말려진
이불에서 나는
고소한 햇빛 냄새를 참 좋아한다.

고단한 하루나
마음이 가라앉는 하루에도
피곤함과 고민거리는
밖에다 내려놓고
이불의 온기 속에 몸을 쏙 집어넣으면
이내 몸과 마음이 차분해진다.

바스락거리는 그곳에서
누구에게도 방해받지 않고,
온전히 휴식을 취하는 시간.

늘 감싸주는 공간이 있다는 건
언제나 위로가 된다.

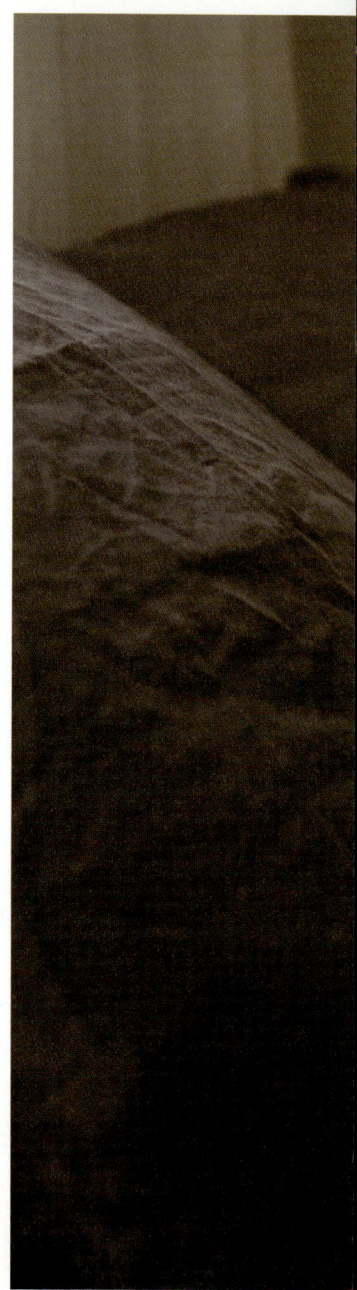

그 시간을 위해
좋아하는 리넨 원단으로 만든
나만의 침구.

싱그러운 봄 여름에는
시원한 화이트 색상에
옅은 핑크빛 베개를.

짙은 계절의 가을 겨울이 다가오면
무심한 톤의 그레이 컬러로
다른 분위기를 연출하는
우리집 침실.

How to Make

자루형 베개 커버 만들기

준비물 | 리넨 원단, 시침핀

STEP 1

원단을 1장으로 재단해 줍니다.
베개 사이즈가 가로 70cm × 세로 50cm라면
가로 163cm = 70 + 70+ 15(안쪽으로 접힐 분량) +
양옆의 시접 4 + 4
세로 52cm = 50 + 위/아래 시접 1 + 1

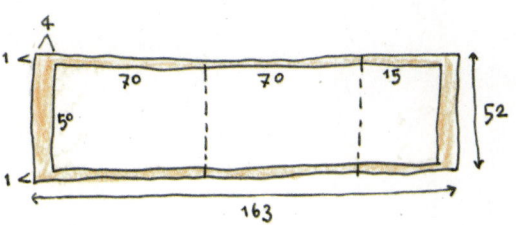

STEP 2

양 끝의 시접을 두 번 접어 박아 줍니다.
1cm를 먼저 접고 3cm를 접어 줍니다.

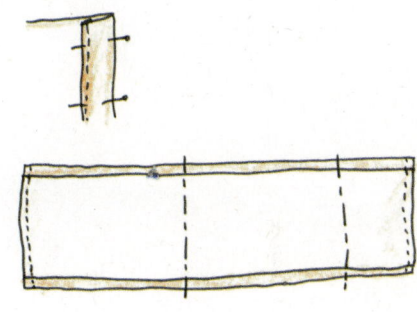

STEP 3

몸판을 접어 겹쳐 줍니다.
겉면이 마주하도록 둔 후 넓은 몸판을 먼저 접고
안으로 들어갈 분량을 그 위로 접어 줍니다.

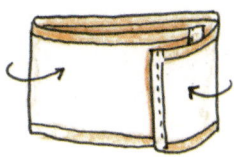

STEP 4

양쪽 시접을 시침핀으로 잘 고정해 준 뒤,
시접 1cm를 띄우고 박아 줍니다.
시접은 지그재그나 오버로크로 마감해 줍니다.

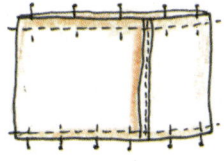

STEP 5

겹쳐지는 부분이 안쪽을 향하도록 뒤집어 주고
베개솜을 넣어 주면 완성입니다.

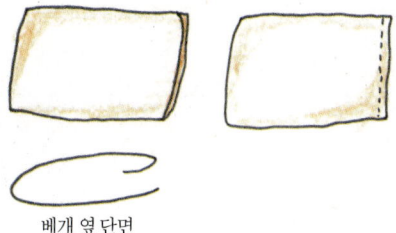

베개 옆 단면

How to Make

이불 커버 만들기

준비물 | 리넨 원단, 연결용끈, 시침핀, 콘실지퍼

STEP 1

이불 사이즈에 사방 시접 1cm를 더한
원단을 2장 준비합니다.
퀸사이즈 150cm × 200cm라면,
152cm × 202cm로 준비합니다.
원단 폭이 150cm보다 작을 경우
원단을 이어서 준비합니다.

STEP 2

a. 겉면이 마주하도록 원단 2장을 놓고
　 시침핀을 꽂아 고정해 준 뒤
　 지퍼 분량의 창구멍을 남기고
　 일자 박기로 박아 줍니다.
b. 콘실지퍼를 이용해 입구 부분을
　 위아래로 박아 줍니다.
c. 시접은 지그재그나 오버로크로 마감합니다.
d. 솜과 연결할 끈을 시접에 연결해 줍니다.

STEP 3

뒤집어 주면 완성입니다.
이불솜을 넣어 연결끈과 묶어 사용합니다.

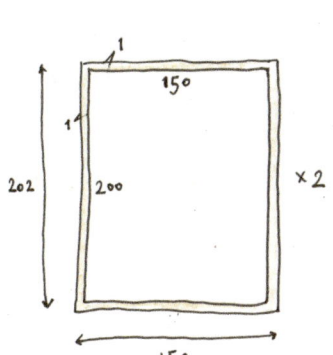
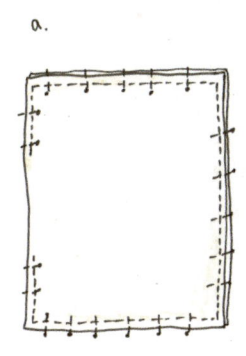
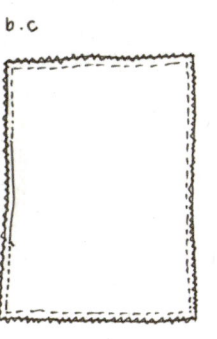
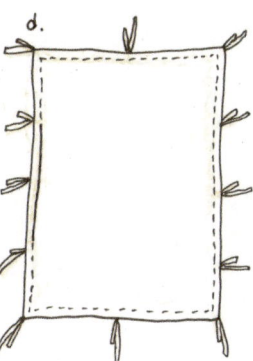

행복한 단순노동

가끔 괜시리 생각이 많아지고
머리가 복잡할 때가 있다.
누구에게나 고민은 있는 법인데
어느 날은 그 고민이 몸집을 불려서
성큼 다가와 있음을 느낀다.
그러면 잠시 생각을 접어 두고
몸을 부지런히 움직이기로 한다.
이럴 때는 복잡한 일보다는
차라리 단순한 일이 좋다.
단순노동을 하다 보면
무언가 생산적인 일을 하는 것 같아
안심도 되고 잡생각도 사라지는 기분이 든다.

손편지 쓰는 것을 좋아해서인지
주변에 편지 쓸 일이 종종 있다.
개인 작업을 시작하고서는
물건을 구입해 주시는 분들께
감사 인사를 전할 일도 자주 생긴다.
이럴 때 사용할 카드를 미리 만들어 두면
필요할 때 유용하게 쓰여서
시간이 날 때마다 틈틈이 만들어 두곤 한다.
머리를 비우고 싶을 때 아주 적합한 작업이랄까.

좋아하는 크라프트지와 가위, 자를 준비한다.
종이에 자를 대고 삐뚤지 않게 선을 그린 후
가위로 선을 따라 사각사각 자른다.
선을 따라 자르는 이 느낌이 참 좋다.
반듯하게 자르고 나면
무언가 제대로 해낸 느낌이 든다.
별거 아니지만 서서히 집중하게 되는 순간이다.
자른 종이는 반으로 접은 후,
그 위에 스탬프를 찍으면 그럴듯한
핸드메이드 카드가 완성된다.
약간의 집중력과 정성만 있으면 되는
단순한 작업이지만
천천히 마음을 다잡는 귀한 시간.

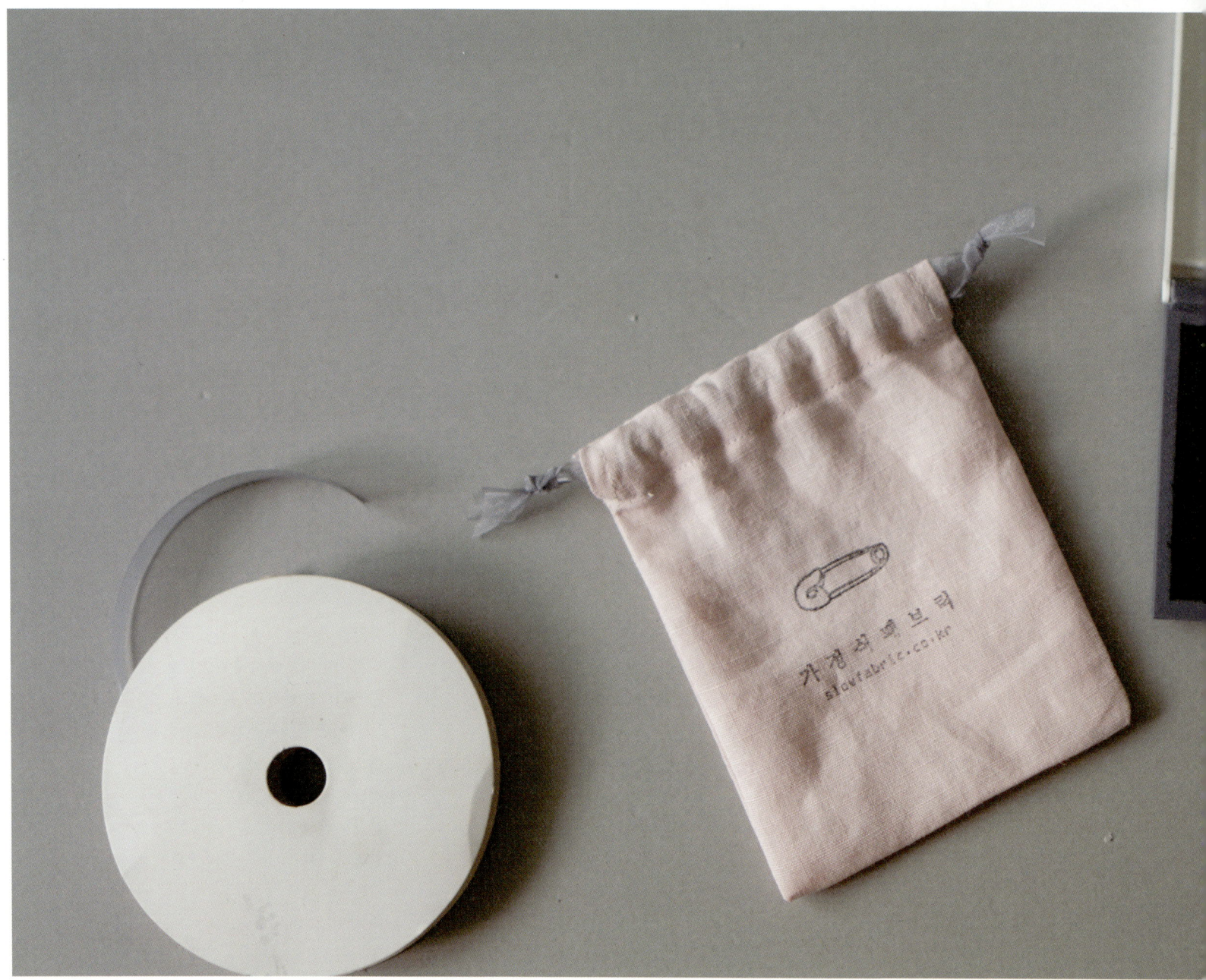

자투리의 시간

원단으로 무언가를 만들다 보면
남는 자투리 원단이 꼭 생긴다.
아까워서 버리지 못하고 따로 모아 두는데,
조각이 작아서 버리는 게 나을까 싶을 때도
잘 모아두면 꼭 쓰임이 생긴다.
오히려 자투리 원단으로 만들 수 있는
자그마한 것이 무궁무진해서 놀랄 때가 많다.
쓰레기가 될 뻔한 자투리가
나의 손을 거쳐서 쓰임을 찾아가는 것.
자투리의 시간은 결코 자투리가 아니다.

첫 번째, 미니파우치 만들기

친구를 만나러 가는 길.
자그마한 선물이라도 하고 싶어서
친구가 좋아하는 티백 몇 개를 챙겼다.
이대로 손에 들고 갈 수는 없고,
봉지에 넣어 가자니 영 모양새가 좋지 않다.
어딘가에 넣어 주면 귀엽겠다 싶어서
리넨 자투리 원단을 찾아
작은 파우치를 만들어 보았다.

만들고 보니
동전 지갑으로, 방향제를 넣어 두는 용도로
사용해도 좋은 사이즈다.
거기에 가정식 패브릭 도장까지 찍으니
제법 그럴싸한 핸드메이드 패브릭 소품이
되었다.

티백을 넣어 친구에게 줄 생각을 하니,
발걸음도 가벼운 외출길.

87

How to Make

미니파우치 만들기 _ 끈이 양쪽에 달린 파우치

준비물 | 자투리 원단, 끈, 옷핀

STEP 1

원하는 사이즈의 파우치에 시접 분량을 더해 재단해 줍니다.

완성 사이즈
가방 : 가로 10cm × 세로 10cm일 경우,

재단 사이즈
가로 : 10cm + 좌/우 시접 각 1cm
세로 : (10cm + 입구 시접 5cm) × 2 (접어서 사용)
가로 12cm × 세로 30cm입니다.

STEP 2

터널 부분 5cm 시접을 제외한
양옆을 봉제해 줍니다.
시접은 지그재그나 오버로크로 마감해 줍니다.
터널 부분의 시접은 가위밥을 준 뒤,
안쪽으로 꺾어 눌러 박아 줍니다.

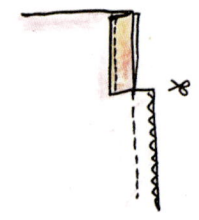

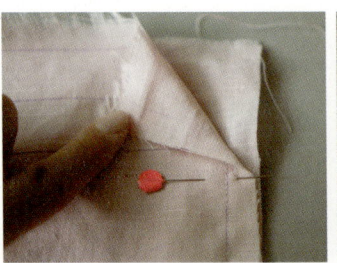 

STEP 3

터널 부분의 시접을 두 번 접어
(1cm를 먼저 접고, 2 cm를 접습니다)
2cm 폭의 터널 모양을 만들어 준 뒤,
시침핀으로 고정해 줍니다.
시접의 끝부분을 봉제해 줍니다.

STEP 4

뒤집어 줍니다.

STEP 5

양옆에서 각각 끈을 통과시켜 줍니다.
이때, 옷핀에 끈을 고정해 통과시켜
주면 편리합니다. 한 바퀴를 통과시킨
끈은 시작한 지점의 끈과 연결해 매듭
을 묶어준 뒤, 잘라 줍니다.

STEP 6

도장을 찍거나 자수를 수놓아
나만의 파우치로 연출해 줍니다.

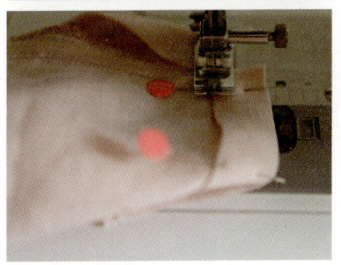

How to Make

미니파우치 만들기 _ 끈이 한쪽에 달린 파우치

준비물

자투리 원단, 끈, 옷핀

STEP 1

원하는 사이즈의 파우치의 2배 폭에 시접을 더해 재단해 줍니다.
시접은 옆 1cm, 입구 터널 부분은 5cm로 합니다.
완성 사이즈가 가로 15cm × 세로 15cm일 경우
재단 사이즈는 가로 32cm (30 + 양옆 시접 2)
세로 21cm (15 + 터널 시접 5 + 밑단 시접 1)입니다.

STEP 2

터널 부분 5cm 시접을 제외한 한쪽 옆선과
밑단을 ㄴ자 모양으로 봉제해 줍니다.
시접은 지그재그나
오버로크로 마감해 줍니다.
터널 부분의 시접은 가위밥을 준 뒤,
안쪽으로 꺾어 눌러 박아 줍니다.

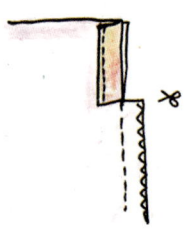

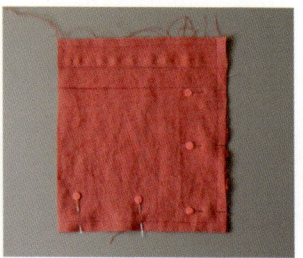

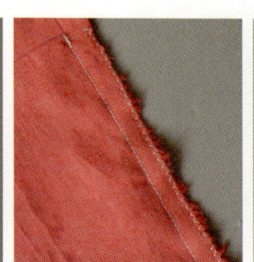

STEP 3

터널 부분의 시접을 두 번 접어
(1cm를 먼저 접고 2cm를 접습니다)
2cm 폭의 터널 모양을 만들어 준 뒤,
시침핀으로 고정해 줍니다.
시접의 끝부분을 봉제해 줍니다.

STEP 4

뒤집어 줍니다.

STEP 5

터널의 시작 부분에 끈을 끼워
통과시켜 줍니다. 이때, 옷핀에 끈을
고정해 통과시켜 주면 편리합니다.
한 바퀴를 통과시킨 끈은
시작한 지점의 끈과 연결해
매듭을 묶어준 뒤 잘라 줍니다.

STEP 6

완성!

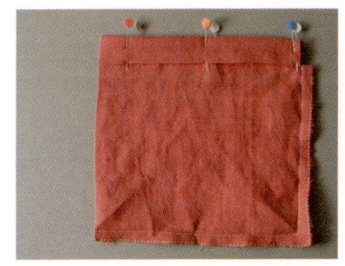

나라별 특징으로 수를 놓아
여행 때 편리하게 사용할 수 있는,
여행용 동전 지갑 용도의 미니파우치

다양한 사이즈와 용도로 만들어 사용할 수 있는 파우치.
조금 큰 사이즈의 파우치는
그림 도구인 크래욜라 크레용의 보관함으로 제격이다.

두 번째, 컵받침 만들기

뜨거운 여름날,
얼음을 동동 띄운 음료수 잔을
컵받침에 올려 두면
컵 바닥에 맺히는 물방울을 흡수해 주고
추운 겨울날, 뜨거운 머그잔을 올려 두면
따뜻한 느낌이 오래 갈 것 같은 컵받침.
자투리 원단으로 만들 수 있는 손쉬운 아이템.

How to Make

자투리 원단 컵받침 만들기

준비물 | 자투리 원단, 시침핀

STEP 1

원하는 사이즈에 사방 시접 1cm를 더해
2장을 재단해 줍니다.
가로 14cm × 세로 14cm 사이즈를 원한다면
가로 16cm × 세로 16cm로 재단해 주면 됩니다.
반을 접어 사용한다면 접은 부분을 제외한
세 면에 1cm 시접을 더해서 재단해 주면 됩니다.

STEP 2

겉면이 마주하도록 2장을 겹치고
시침핀을 꽂아 고정한 후
시접을 띄우고 창구멍을 남기고
일자 박기로 박아 줍니다.

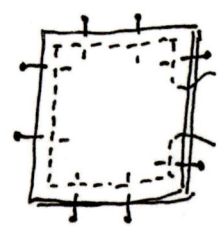

STEP 3

모서리의 시접을 잘라내고 창구멍으로
뒤집어 잘 다려 준 뒤, 창구멍을 막을 겸
전체 테두리에 끝 스티치로 한 번 눌러 박아 줍니다.

세 번째, 나만의 태그와 라벨 만들기

개인 작업을 할 때 만든
물건을 포장하면서
태그나 라벨을 사용할 일이 많다.
이때 남겨둔 자투리 원단을
적당한 크기로 잘라서 사용하면
가정식 패브릭의 이름에 어울리는
정감 어린 태그와 라벨이 만들어진다.
옷의 소재를 알 수 있도록
자투리 원단을 작은 사각형 모양 사이즈로 잘라
태그와 함께 걸어 주기도 하고,
적당한 크기로 자른 자투리 원단에
도장을 찍어서 라벨로 사용하기도 한다.

자연스러운 느낌 그대로
패브릭의 느낌을 간직한 태그와 라벨.
앞으로도 자투리 원단을 활용해서
가정식 패브릭답게 만들어 볼까 한다.

나만의 가정식 패브릭 라벨,
자투리 원단을 잘 모아 두었다가
자연스럽게 올이 풀리도록
적당한 크기로 잘라
도장을 찍어 만들어 주었다.

나만의 가정식 패브릭 택,
어떤 소재로 만들어졌는지 전달해 주기 위해
작은 스와치를 잘라 크라프트 종이에
재봉틀로 박아 주었다.
윗부분에 구멍을 뚫어 끈을 매달아 주면
핸드메이드 패브릭 택 완성!

두번째 이야기

패브릭으로
먼저 맞이하는
계절

새로운 계절을 맞이하는 마음

2월의 어느 날,
벌써부터 봄을 기다리고 있다.
겨울이 유독 길게 느껴지는 건
아마도 따스함을 바라는 마음이
다른 계절보다 크기 때문이겠지만
질투심 많은 꽃샘추위까지 견뎌내야
비로소 봄이 오니,
봄은 자꾸만 기다려지는 계절이다.

개나리와 벚꽃이 피고
대지가 따뜻해지는 봄.
그 누가 기다리지 않을까.

마음과는 달리 더디게 오는 계절 대신
집 안에 봄기운을 불어넣고 싶어졌다.

얼마 전, 동대문 원단 시장에서
잔잔한 꽃무늬 패턴의 원단을
몇 가지 사다 둔 것이 떠올랐다.
꼭 당장에 쓸 일이 없어도 마음에 드는 원단이
있으면 조금씩 사는 편인데,
마치 저축이라도 해 둔 것처럼 마음이
든든해진다.

적금을 찾는 마음으로 원단을 꺼내 본다.
이번 적금은 생각보다 일찍 찾게 되었네.

How to Make

패브릭 액자 만들기

준비물 | 액자, 패브릭, 가위

어떤 색이 좋을까 고민하다
조금 붉은 빛이 도는 패브릭으로 골랐다.
화려하진 않지만 소박한 꽃무늬가 잔잔하다.

50cm × 70cm 크기의 액자에 넣을 거라서
액자 크기보다 테두리로 1cm 정도만 크게 잘라
액자에 넣은 후 양옆과 위아래를 잘 당겨서
끼웠다.

소요된 시간은 10분 정도.
정말 간단한 작업이다.
역시 마음먹는 게 가장 오래 걸린다.

완연한 봄 느낌은 아니지만, 잔잔한 패턴이
제법 거실의 분위기를 환기시킨다.
짧은 봄을 길게 만끽할 준비를 끝낸
거실의 풍경이 마음에 든다.

다음 계절에는 과감하고 시원한 느낌의
패턴으로 바꿔야지-라고 생각한다.

마음은 또 이렇게 앞서서
계절을 맞을 준비를 하고 있다.

여름을 맞아 플라밍고와 보타니컬 느낌의
패브릭으로 바꾼 안방의 액자.
플라밍고 인형과 함께 연출해 주었다.

원피스를 만들다 실패한 원단은
액자로 다시 태어나
집 안 분위기를 바꿔 주었다.
기하학적인 패턴이 멋스럽던 원단이라
하나의 미술작품 같기도 하다.

계절을 집안에 들이는 방법

계절은 길에서도 느낄 수 있지만
걷기 좋은 날에 좋아하는 동네를 산책하다
꽃집에서 집어 온 화분 하나에서도
느낄 수 있다.

서촌 나들이 때 데려온 무스카리.
동대문 종합시장 건너편의
종로 꽃시장에서 발견한 튤립.
생김이 신기하고 빛깔이 고운 무스카리와
튤립이 집에 작은 생기를 불어넣어 준다.

그저 바라만 보아도 좋지만
눈에 걸리는 한 가지, 바로 체리빛 화분.
아파트 몰딩의 체리빛에도
손수 페인트칠했던 나는
화분의 그 빛깔도 가리고 싶어졌다.

베란다의 자투리 원단함을 뒤져
무스카리는 생지 느낌의 리넨으로,
튤립은 꽃잎과 비슷한 노오란 색의 원단으로
골라 보았다.

화분의 윗둘레와 밑둘레를 잰 후
반으로 나눈 너비로 사다리꼴 모양을 그린다.
양옆에 시접 분량으로 1cm씩 여유를 더해
2장을 재단한 뒤,
시접을 띄우고 양옆을 박아 주기만 하면
너무도 간단하게 화분 커버 완성이다.
소요된 시간은 10분 정도.

동생이 선물해 준 알파벳 도장으로
각각의 영문 이름을 스탬프로 찍으니
제법 귀여운 이름표까지 단
화분 커버가 만들어졌다.
체리빛 화분에 씌우면
보기에 더 고운
화분들 완성!

How to Make

화분 커버 만들기

준비물 | 리넨 원단, 화분

  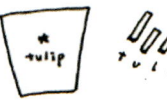

STEP 1 ——

화분의 윗둘레와
밑둘레의 1/2 너비로
사다리꼴을 그려 주세요.
양옆에 1cm의 시접을 포함해서
2장 재단합니다.

STEP 2 ——

시접 1cm를 띄우고
양옆을 박아 줍니다.

STEP 3 ——

뒤집어서 도장이나
자수 등의 장식을 해 주세요.

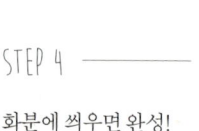 

STEP 4 ——

화분에 씌우면 완성!

고향의 봄

엄마에게서 택배가 왔다.
매년 겨울이면 굴이,
봄이면 두릅과 봄나물이
남쪽의 향을 담고 서울로 도착한다.

두릅을 받아들 때면 유독 마음이 시큰거린다.
아빠가 남겨 주신 유산이
매년 봄, 이렇게 우리를 찾아오네-라고 생각하면
언제나 고맙고 미안하다.

올해는 두릅을 몇 그루 심었다고 자랑하며
같이 밭에 가자던 아빠의 뿌듯함과 수고로움을
그때의 나는 대수롭지 않게 여겼었다.

아빠가 떠나고 나서야
아빠가 정성껏 심어 놓은 두릅의 맛에 눈을 뜨고,
그것이 얼마나 귀한 것인지를 알게 되고,
그렇게 함께 가자던 밭에서
딸들이 준 용돈을 차마 쓰지 못해 심었다는
천리향의 향을 맡는다.

밭 한편에 자리 잡은
엄마와 아빠의 낡은 오두막에 올라
바다를 바라본다.
이 밭의 생명과
이 풍경을 우리와 함께 나누고 싶었던
그 마음을 뒤늦게 느낀다.

오두막 단장하기, 리넨 그늘막

엄마 아빠의 소중한 오두막.
여름이 오기 전에 이 낡은 오두막을
단장하기로 마음먹었다.

예전에 함께 일했던 동료들이 고맙게도
사무실 청소로 버려질 원단들을
나를 생각해서 챙겨 주었다.
디자인실의 일과와 업무가 얼마나 바쁜지
말하지 않아도 알기에
따로 생각해 준 그 마음이 고맙다.

가지고 있던 리넨 원단과 함께
오두막을 꾸미면 좋겠다 싶어
잘 두었다가 어버이날을 맞아
고향을 찾은 발걸음에
원단과 실, 가위 등을 챙겨
오두막을 향해 산을 올랐다.

늘 밭에서 가꾼 농작물을 얻기만 하다가
무언가를 만들어 드릴 생각에 발걸음이
경쾌하다.

큰 사위는 장모님을 도와서 밭일을 거들고
작은 사위는 조카를 돌보고
두 딸은 함께 오두막을 단장하기로 했다.

세 살이 된 조카에게
"후야, 할아버지는 어디 있어?"라고 물어보니
"음, 할아버지는 위에 있어!"라고 씩씩하게
대답한다.

이 풍경을 위에서 지켜보며
더없이 흐뭇해할
아빠를 생각하며
하얀 리넨 원단을 펼친다.

세월과 비바람에 찢긴 낡은 천막을 걷어 내고
리넨 원단을 오두막의 나무 지지대에 둘러
윗부분을 바느질로 고정했더니,
하얀 리넨이 금세 오두막에 생기를
가져다주었다.

여름엔 꽤 강한 바람이 분다는 엄마의 말에
지끈을 원단 아래쪽에 달아
나무에 묶어 고정할 수 있도록 했다.
동생이 혹시 몰라 챙겨왔다는 지끈이 유용하게
사용되었다.

이런 일을 할 때 누구보다
쿵짝이 잘 맞는 동생이 있어 참 좋다.

둘이서 도란도란 이야기를 나누며 함께하니
생각보다 빠르게 리넨 그늘막이 완성되었다.

바람에 살랑살랑 흔들리는 자태도 곱고,
지끈으로 나무에 고정되어 팽팽함을 유지한
모양새도 좋다.

오두막 옆으로 잘 자란 나무의 연둣빛 잎이
흰색 리넨과 조화를 이뤄 더욱 싱그러워 보인다.

오두막 바닥에는 동료들이 챙겨 주었던
체크무늬 원단을 깔았더니
아늑한 느낌마저 든다.

음식 솜씨 좋은 동생이 싸 온
김밥 도시락을 펼치고
저 멀리 바다에서 불어오는 바람을 쐰다.

참 평화로운 바람이다.

한강 나들이를 나갈 때는

긴 연애 시절,
이제는 부부가 된 우리 커플은 둘 다
야외 활동을 좋아해서
봄이면 개나리가 핀 응봉산이나
벚꽃이 만발한 소월길,
여름이면 뚝섬 수영장 혹은 한강공원,
가을이면 음악 축제가 열리는 올림픽공원으로
계절마다 서울의 이곳저곳 참 부지런히도
찾아다녔다.

결혼을 하고 몇 년이 지난 지금은
예전보다 행동력은 덜하지만
여전히 날씨 좋은 주말이면
집 근처 한강공원에 나가
둘이서 느긋한 오후를 보내다 오곤 한다.

언젠가부터 봄이면 황사며 미세먼지가
심해 어쩌다 맑은 하늘을 보는 날에는
반갑기까지 한 기분이라
모처럼 날씨가 맑은 주말 오후,
새 친구와 함께 한강공원 나들이에 나섰다.

How to Make

피크닉 매트 만들기

오늘의 새 친구는
따스한 계절의 봄나들이를 기다리며
만들어 두었던 피크닉 매트.

피크닉 매트를 만든 방수 원단은
동대문 종합시장에서 구한 것으로
한쪽 면이 코팅되어 방수 기능이 있어
피크닉 매트를 만들기에 제격이다.

2마(yard, 약 180cm) 정도의 원단을 사서
네모난 모양의 테두리의 시접을 두 번 접어
일자로 박아 주기만 하면 간단히 완성된다.
피크닉 매트를 담을 작은 가방까지 만들면
휴대도 간편한 새로운 나들이 친구 세트가
완성된다.

초록 잔디 위에 빨간색의 새 매트를 펼치니
맑은 날씨가 서로의 색을 더욱 돋보이게 한다.
피크닉 매트 위에서 보내는 오후 시간.

책을 읽고
한강 편의점표 끓여 먹는 라면도 먹고
따스한 봄의 풍경을 바라본다.

자전거를 타는 사람들,
뛰어노는 강아지들,
바람에 흔들리는 할미꽃,
흐르는 강물,
동작대교 위를 지나가는 4호선.
 모두 지난 계절 동안 안녕했길.

How to Make

피크닉 매트 가방 만들기

준비물

체크 모양의 원단, 가방끈용 직조 테이프
(원단 구입처 : 동대문 종합시장 B-2-2379-1 동창상회)

STEP 1

원하는 사이즈의 가방의 2배 길이에 시접을 더해 재단해 줍니다.
시접은 양옆 1cm, 입구 부분은 4cm로 합니다. 완성 사이즈가 가로 40cm × 세로 25cm일 경우 재단 사이즈는 가로 42cm × 세로 58cm입니다. 가방끈을 원하는 길이로 2장 재단해서 준비해 줍니다.

STEP 2

가방 몸판 부분을 반으로 접어 시침핀으로 고정한 후, 양옆의 시접 1cm를 띄우고 박아 줍니다.
시접은 올이 풀리지 않도록 지그재그나 오버로크로 마감해 줍니다.

STEP 3

가방 입구 부분 시접을 접어 줍니다.
1.5cm 먼저 접고, 2.5cm를 접어 시침핀으로 고정해 줍니다.
이때, 준비된 가방끈을 아래로 향하도록 함께 물려 시접 끝부분에 일자 박기로 박아 줍니다.

STEP 4

가방끈을 위로 꺾은 후, 가방 입구 부분에 끝 스티치를 눌러 한 번 더 고정해 줍니다.

STEP 5

가방 바닥 부분이 있도록 만들어 주려면 양옆의 시접의 중심을 가방 바닥의 중심과 만나도록 삼각형 모양을 만들어 준 뒤, 원하는 너비 만큼 박아 줍니다.

STEP 6

뒤집어 주면 완성입니다.

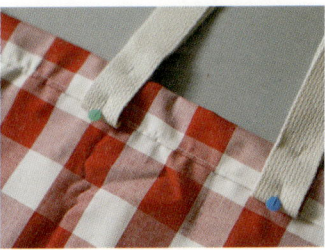

리넨 원피스와 함께 한 하얀 여름날

긴 여행을 앞두고, 리넨 원피스를 만들고
싶다-라고 생각했다.
늘 여행을 앞두고 무언가 만들고 싶은
에너지가 샘솟는 걸 보면
여행 자체도 영감을 주지만
떠나기 전의 설렘도 영감과 에너지를
주는 것 같다.

여름날의 여행이니
시원한 리넨 원단이 제격이겠다 싶어
원단 고민은 없었지만
컬러는 조금 고민이었다.
따사로운 햇볕에 흰색이 잘 어울릴 것 같았는데
막상 원단을 사고 보니 귀신 소복 같을까 싶어
걱정된 것도 한몫했다.

그래도 정성 들여 만들면
나에겐 의미 있는 옷이 될 테니
괜찮을 거라고 스스로를 위로하며
옷을 만들기 시작했다.

치마에는 주름을 잡아 풍성하게 만들어야지.
주머니가 있어야 편하니 주머니도 만들어야지.
흰색이라 비칠 수 있으니
안감 치마도 만들어야지.
원단과 나의 조용한 대화.

옷을 만드는 과정은 어느 하나
소홀히 할 수 없다.
밑그림이 되는 패턴을 뜨고
조각 하나하나를 정성스레 재단해 두고
그들을 하나의 옷으로 이어 줄
재봉틀에 실을 건다.
땀수는 촘촘하게 2로 맞추고
경쾌하게 재봉틀을 돌린다.

치마의 주름을 만들고
주머니와 안감 치마를 연결하고
상의와 치마를 연결하는 작업.
가정용 재봉틀이라 시접은
지그재그로 마무리하고
시접이 두꺼운 부분은
원단으로 깔끔하게 바이어스 처리를 한다.

손으로 하는 일에는 언제나 정직하게
시간이 흘러간다.
오전에 시작한 작업이 오후를 넘기고 있다.
오랜만에 만드는 옷이라
하나하나 꼼꼼하게 작업을 한 탓이겠지.

작업에 지칠 때면
중간중간 옷을 몸에 걸쳐 보고,
어느 멋진 장소에서 이 옷을 입고 있는 나를
상상해 본다.
웃음이 새어 나오는 순간.

Jour du present!
옷을 다 완성한 뒤 가슴 부분에
현재를 즐겨라라는 문장을 불어로
새기고 싶어 찾아낸 문장.
이번 여행이 그러하기를 바라면서
한 땀 한 땀 새겨 주었다.

자수까지 수놓고 나니
이제 정말 옷도, 마음도 떠날 준비가 되었다.
어느 멋진 여름날로.

여행을 앞두고 옷을 만들던
오후의 시간이 선명한데,
이곳은 더욱 선명한 여름날의 남부 프랑스.
6월에도 서늘했던 스위스 산자락을 거쳐 도착한
프랑스 남부 지방이
뜨거운 햇살로 우리를 맞아 주었다.

여행 가방에서 때를 기다리던 리넨 원피스가
드디어 빛을 발할 순간이다.
아름다운 장소, 눈 부신 햇살 아래서 입고 싶었던
리넨 원피스를 꺼내 입고
프로방스의 마을을 찾아 길을 나선다.
옷이 날개라고 하지 않았던가.
리넨으로 만든 날개가 좋은 곳으로
데려다줄 것만 같다.

동화 같은 마을 루시용 Roussillon 의
기념품 가게에서 물건을 고르고 있노라니
연세 지긋한 주인아주머니께서
"네 드레스 참 예쁘구나"라고 말을 건네신다.
직접 만들었어요, 하고 대답하는데 이 뿌듯함.
가슴에 새긴 불어 Jour du present!의 정확한
발음이 궁금해 여쭤 보았다.

"줄 드 쁘레젱, Enjoy the day 라는 뜻이야."
줄 드 쁘레젱……
조용히 되새기면서 계산을 하고 가게를 나선다.

리넨 원피스는 좋은 추억을 많이 남겨 주었다.
'좋은 옷이 우리를 정말 좋은 곳으로 데려다
주었구나'라고 생각되는 날이 많았다.
리넨 원피스를 입은 날엔
우연히 끝없이 펼쳐진
해바라기밭을 만나기도 하고
누군가의 이름 모를 라벤더밭을 만나기도 했다.

남부 프로방스의 그림 같은 마을 풍경을
떠올릴 때면
그 속에 하얀 원피스를 입은 내가 함께 기억된다.
아름답던 여름날의 하얀 기억.

여행을 위한 플로럴 원피스

틀림없이 "좋아!"라고 대답할 너에게
"내년에 몽골 갈까?"라고 물었다.

실제로 가게 될지는 모르겠지만,
한동안 몽골 여행을 꿈꾸며
우리 둘은 꽤 즐거운 상상을 하겠지.

인도, 네팔, 부탄, 남미…….
여행자의 도시들을 부지런히 탐하는,
남들과 조금 다른 여행 취향을 가진 나와
비슷한 친구라서
언제나 여행 생각이 날 때
자연스레 가장 먼저 연락을 하게 되는
나의 친구, MK.

이런 상상이 때론 현실이 되기도 해서
라오스의 루앙프라방과
태국의 치앙마이를 함께 여행하기도 했다.

그녀 몸속에 내재한 방랑벽의 DNA를
누구보다 잘 알기에,
언젠가 나와 함께 다시 가고 싶다던
네팔의 포카라와 마흔쯤의 남미도,
우리의 여행에 대한 무수한 이야기와 상상이
현실이 되기를 바란다.

그런 그녀와의 치앙마이 여행을 위해 만들었던
꽃무늬 리넨 원피스.
고운 꽃과 색감이 가득하던 치앙마이에
그림같이 어울리던 너와 원피스.

How to Make

꽃무늬 리넨 원피스 만들기

준비물 | 플로럴 패턴의 리넨 원단

STEP 1

몸판 앞/뒤, 목안감 앞/뒤, 주머니감의 패턴을 준비합니다.
패턴을 원단에 대고 본을 뜬 후 사방 시접 1cm를 띄우고
재단합니다. 주머니감은 재단 시에 2장씩 재단합니다.

★ 실물 패턴이 부록에 있습니다.

STEP 2

원단의 겉면이 마주하도록 하고
주머니를 각 몸판의 앞/뒤와
합봉합니다.

STEP 3

몸판에 연결된 주머니를 밖으로 꺾고,
몸판 앞/뒤의 겉면이 마주한 상태에서
어깨 부분과 몸판 옆선을 박아 줍니다.
이때 옆선은 호주머니 모양을 따라 박아 줍니다.
목 안감도 겉면이 마주하게 두고,
어깨 부분을 합봉해 줍니다.
시접은 지그재그나 오버로크로 마감해 줍니다.

STEP 4

몸판을 뒤집어 주머니는 속으로 넣어
주고, 어깨를 합봉한 목 안감과 몸판의
겉면이 마주하도록 겹쳐 주고,
목둘레를 따라 박아 줍니다 (붉은선).
박은 후에는 목부분에 가위밥을 주어
목안감을 몸판 속으로 가도록 넣어
줍니다.

STEP 5

소매와 밑단의 시접을
두 번 접어 박아 주면
완성입니다.

근사한 스카프 하나면 충분해

요즘은 간절기도 점점 사라지고 있다지만
그렇다고 무시할 수도 없는
겨울과 여름의 사이, 봄과 가을.

자칫 두껍게 입으면 덥고
얇게 입으면 쌀쌀해서 종잡을 수 없는 날씨에는
스카프 한 장 챙겨 외출에 나선다.

단지 살짝 두르는 것으로 체온을 보호할 수 있고
때로는 멋을 부리는 아이템이 되는 스카프.

간절기용 스카프 원단은 너무 두껍지 않은
얇은 거즈 소재나 코튼, 리넨 소재가 좋다.

원단 1마(yard)의 길이가 약 90cm이니
2마(yard) 정도의 원단을 준비하면
적당한 길이감의 스카프가 된다.
원단 폭을 반으로 잘라서 사용하면
스카프를 두 장이 만들 수 있다.

하나는 내가 쓰고,
하나는 선물을 해도 좋다.
만드는 기쁨에 나누는 기쁨까지 더해진다.

준비한 외출복에 멋스러운
스카프 하나를 두르면 외출 준비 끝.

How to Make

스카프 만들기

준비물
적당한 두께감의 스카프 원단, 얇은 코튼 거즈나 리넨 원단

STEP 1

2마(yard) 길이의 원단을 원단 폭의 반으로 잘라 재단해 줍니다.
보통 원단 폭이
44 - 60inch (110-150cm)이니,
반으로 나누면 적당한 폭의 스카프가 됩니다.

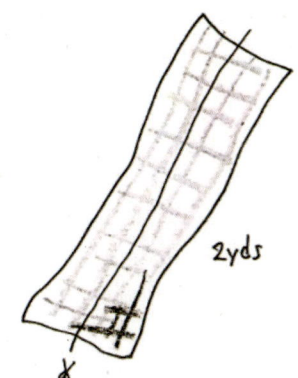

STEP 2

스카프의 끝부분의 올을 원하는 길이 만큼 자연스럽게 풀어 주고 그 이상 올이 풀리지 않게 일자 박기로 눌러 박아 줍니다.

STEP 3

스카프의 양옆의 시접은 두 번 접어 깔끔하게 박아 줍니다.
나만의 스카프 완성!

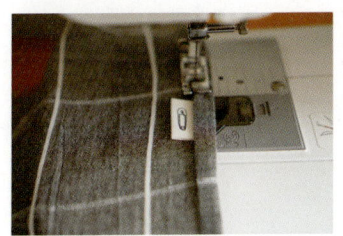

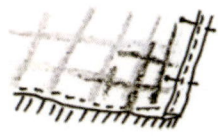

숲속 공방

봄에서 가을,
캠핑하기 좋은 계절이다.
자연으로 깊숙이 들어갈수록
그만큼 더 많은 것들을 자연은 내어 준다.

신선한 바람,
일렁이는 햇살,
나무가 내뿜는 신선한 공기,
쏟아질 것 같은 별.

조금 불편한 잠자리일지라도
얻는 것이 훨씬 많은 숲속 캠핑은
고요하고 평온하다.

아무것도 하지 않고 멍하니 있어도 좋고
나뭇가지나 솔방울을 모으는 것도 좋고
보고만 있어도 시간이 잘 가는
모닥불 구경도 좋다.

티셔츠에 자수 놓기

그 평온함 속에서 가끔이지만
숲속 공방을 연다.
수틀, 실과 바늘, 가위 정도만
챙겨 가면 되니
짐이 그다지 무겁지도
부피가 크지도 않아서 좋다.

조용한 숲속, 따뜻한 모닥불 옆에서
꼼지락꼼지락 손을 움직이는
오롯이 나만을 위한 공방.

때로는 입고 온 티셔츠에
때로는 준비해 간 원단에
그날그날의 자수를 놓는다.

일상으로 돌아온 뒤에는
자수를 새긴 원단으로 소품을 만들기도 하는데
오랫동안 그날의 기억이 떠올라 좋다.

순간을 오래 기억하는 작은 취미 생활.

낡은 스웨터의 착한 변신

몇 년 전 겨울, 꽃 시장에서 데려온 목화.
시간이 흘러도 형태가 변하지 않아
오래 두고
볼 수 있다.
자연스럽게 꽂아 두기만 해도
따뜻함이 느껴지는 목화와 함께
다시 맞이하는 겨울.

추운 계절이 다가왔기 때문인지 목화 가지가
꽂힌 투명한 병이 추워 보여
화병에 옷을 만들어 줘야겠다고 생각하고
집 안을 뒤적거리다
잘 입지 않는 스웨터를 발견.

스웨터를 활용해
꽃병 커버를 만들어 주면 되겠다 싶어
스웨터를 꽃병 둘레에 맞게 네모나게 자르고
양 끝을 재봉틀로 박아 주니
그럴싸한 꽃병 커버가 되었다.

그대로 사용해도 괜찮지만,
병의 입구 부분에 흰색 털실로
블랭킷 스티치를 한 땀 한 땀 놓으니
목화의 아이보리색과 잘 어울린다.

스웨터의 따뜻한 느낌이 꽃병을 감싸
더 포근해 보이는 목화.
올겨울도 따스히 잘 지내보자, 우리.

How to Make

낡은 스웨터로 꽃병 커버 만들기

준비물 | 낡은 스웨터, 털실, 돗바늘

STEP 1

병을 감싸줄 크기로 스웨터를
잘라서 준비합니다.
병의 입구 부분은 스웨터의 밑단이나
소매 부분의 립(rib) 조직을 사용하면
자연스레 감싸줄 수 있습니다.

STEP 2

준비해 준 스웨터를 반으로 접어
시접을 띄우고 박아
원형으로 만들어 줍니다.

STEP 3

돗바늘에 털실을 꿰어
입구 부분을 블랭킷 스티치로
장식해 줍니다.

블랭킷 스티치

담요나 모직의 올 풀림을 위해 사용하는 기법의 하나로
감침질에 실을 한 번 걸어 주는 걸 반복하여 11자 모양이 되도록 만드는 스티치.

준비물 | 실과 바늘, 연습용 원단

STEP 1

실의 매듭을 짓고 바늘을 위에서 아래로 통과시킵니다. 간격은 끝에서 1cm 정도를 떨어뜨립니다.
두 겹을 사용할 때는 안으로 숨겨 줍니다.

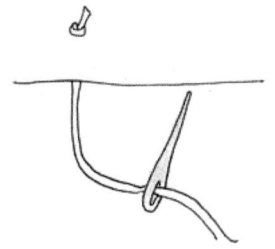

STEP 2

옆으로 1cm 떨어진 지점에서 다시 위에서 아래로 바늘을 통과시킵니다. 이때, 실이 바늘 아래에 있도록 합니다.

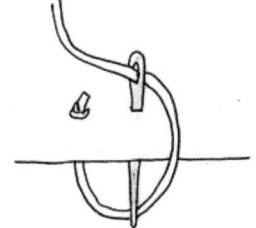

STEP 3

STEP 2를 반복해 원하는 길이만큼 스티치를 놓습니다.

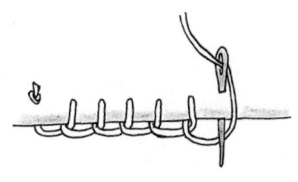

찬바람이 불면
무릎 담요가 필요해

쌀쌀한 가을 바람이 불기 시작하면
집 안에 머무르는 시간이 길어진다.

따뜻한 차 한 잔을 마시면서
뜨개질을 하는 나른한 오후가 좋다.

공기가 쌀쌀하니
작은 무릎 담요가 필요한 계절.

공기를 많이 머금어
따뜻한 삼중 거즈 소재로
심플한 담요를 만든다.

키친크로스를 만드는 것과 같이
원하는 크기에 사방으로 시접 2cm를 두고 잘라
두 번 접어 박아 주면 완성이다.

70cm × 90cm 정도의 사이즈로 만들었더니
무릎 담요 사이즈로 딱이다.

추운 계절이니,
따뜻한 색감의 폼폼이를 담요 모서리에 달아
장식해 주었더니 더 따뜻한 느낌이 든다.

아가들의 선물로도
나의 무릎 담요로도 좋은
폼폼이가 달린 작은 담요.

How to Make

거즈 담요 만들기

준비물 | 삼중 거즈 원단, 폼폼이

STEP 1

원하는 사이즈에 시접을
사방 2cm를 더해 2장 재단해 줍니다.
70cm × 90cm가 완성 사이즈라면
74cm × 94cm로 재단해 주면 됩니다.

STEP 2

시접을 1cm 간격으로 두 번 접어
시침핀으로 고정해 준 뒤
일자 박기로 박아 줍니다.

STEP 3

모서리에 폼폼이나 태슬을 달아
장식해 줍니다.

작은 소품으로
크리스마스 기분 내기

크리스마스가 다가오면
반짝반짝 조명을 입은 한껏 들뜬 도시에
캐롤 음악까지 흐르면
나의 마음도 살짝 두근두근한다.

어린 시절 선물을 기다리는 마음은
누군가에게 줄 선물을
준비하는 마음으로 바뀌었지만
따뜻한 마음만은 그대로인 크리스마스.

크리스마스를 핑계 삼아
소중한 사람들과 오랜만에 모여
긴 밤을 붙잡고 추억을 꺼내어 보고

어린 시절의 큰 크리스마스 트리는 아니어도
작은 크리스마스 오너먼트를 만들어
크리스마스의 기분을 내본다.

작은 소품 하나로
즐겨보는 우리의 크리스마스.
올해도 메리 크리스마스!

How to Make

크리스마스 오너먼트 만들기

준비물

초록색·빨간색 계열의 원단, 끈, 솜, 기화펜

STEP 1

원단과 끈, 기화펜(물에 지워지는 펜)을 준비합니다.

★ 실물 패턴이 부록에 있습니다.

STEP 2

겉면이 마주하도록 원단 2장을 겹치고 원단에 원하는 모양의 도안을 그려준 후 시접을 남기고 재단해 줍니다.

STEP 3

두 장의 원단 사이 끈이 달릴 위치에 끈을 고정합니다. 끈은 도안 안쪽을 향하도록 합니다. 끈이 길 경우 창구멍 쪽으로 빼 둡니다.

STEP 4

도안 모양을 따라 창구멍을 남기고 봉제해 줍니다. 시접을 깔끔히 잘라내고 곡선 부분과 뾰족한 부분에는 가위밥을 주어 창구멍으로 뒤집어 줍니다.

STEP 5

창구멍으로 방울솜을 넣어 속을 채우고 손바느질로 창구멍을 마감해 줍니다.

STEP 6

완성! 원하는 곳에 걸어서 크리스마스 기분 내기!

How to Make

갈랜드 만들기

준비물

여러 색의 원단, 테이프 혹은 바이어스 테이프

STEP1

원하는 사이즈의 삼각형 모양의
종이 패턴을 준비합니다.
원단에 대고 시접 1cm를 더해
재단해 줍니다.

STEP2

겉면이 마주하도록 겹치고 윗쪽 입구를
제외한 부분을 박아 줍니다.
뾰족한 부분은 잘라내고 뒤집어 줍니다.
입구 부분은 고정되도록
눌러 박아 줍니다.
원하는 수량만큼 만들어 줍니다.

STEP3

테이프나 바이어스 테이프에 원하는
컬러 조합을 만들어 삼각형 모양의
조각들을 연결해 줍니다.
시침핀으로 잘 고정해 준 후
박아 줍니다.

STEP4

나만의 갈랜드 완성!

새롭게 맞이할 시간을 위해

연말이 다가오면 나의 지난 한 해를 되돌아본다.
소망하던 일들은 이루어졌는지,
어떤 하루하루를 보냈는지.
그러면 일 년을 함께 보낸 고마운 사람들의
얼굴이 자연스레 떠오른다.

그래서 연말에는 소란하지는 않아도
고마운 사람들을 만나고
서로 작은 선물을 주고받고
따뜻한 음식을 나누며 함께 한 해를 마무리한다.

이번 연말에는 주변 사람들에게
어떤 선물을 할까 생각하다가
직접 만든 물건을 주면 더 의미 있을 것 같아서
새해에는 모두가 행복하길,
좋은 일들만 가득하길 바라며
패브릭 달력을 만들어 보기로 했다.

원단은 언제나 좋아하는,
자연스러운 생지 느낌의 리넨으로 정하고
달력 도안은 일러스트레이터 프로그램으로
만들었다.
막내 디자이너로 일하던 시절에 익혀둔
일러스트 툴은 지금도
도안이나 그래픽 작업할 때 유용하게 쓰인다.
무엇이든 배워 두는 건 좋은 일이다.

내년 달력 도안을 미리 만들다 보니
어떤 새로운 일들이 펼쳐질까
어떤 새로운 장소에 가게 될까
다음 해의 하루하루가 기다려진다.

패브릭 달력

도안 작업이 끝나면 친구에게 소개받은
나염 업체에 재단한 원단과 도안을 넘기고
두근거리는 마음으로
작업이 마무리되길 기다린다.

종이에 출력된 이미지와
원단에 프린트된 이미지의 느낌은
사뭇 다르기에 설레는 마음으로 기다리는 시간.

다행히 예상대로 따스한 느낌의 달력이
완성됐다.
나염 업체 사장님께서도 탁상 유리 밑에
끼워두고 싶다고 하셔서
선물로 기분 좋게 인심 썼다.

재단 상태의 원단 테두리의 올이 풀리지 않도록
깔끔하게 마무리 해 주었다.

완성된 달력은 다리미로 잘 다린 후 고이 접어
종이로 감싼 후 리본으로 묶어 주었다.

소중한 사람들에게 줄 선물이
하나하나의 손길과 과정을 거쳐 완성되었다.

포장된 새해 달력들을 가만히 보니
앞으로도 직접 만든 선물을 준비하는 건
나만의 연말 행사가 될 것 같다는 예감이 든다.
뿌듯하고 의미 있는.

세 번째 이야기

따뜻한 마음을 전하는 패브릭 소품

Believe,
부부의 약속

서로 다른 곳에서 전혀 다르게 자란 두 사람.
그들만의 만남과 연애를 거치고
마침내 검은 머리카락이 파뿌리 되도록
행복하게 살기로 약속한다.

지금의 세대는 수명이 길어진 덕분에
지구 역사상 가장 길게 한 사람과
살아가게 될 세대라고 한다.

긴 시간을 오직 한 사람과
사이좋게 살아간다는 건
말처럼 쉽지 않겠지만
그 세월을 함께 견뎌내고 또 함께 늙어간다는 건
참으로 가치 있는 삶이 아닐까 생각한다.

인생의 파도를 함께 헤친 나이 지긋한 노부부가
손을 맞잡고 서로의 보폭에 맞춰 걷거나
한 끼의 식사를 함께하는 모습은 그 자체로
무언의 감동을 준다.

고작 연애 4년 더하기 결혼 4년 차인 나지만
부부의 사랑이란 한 끼 한 끼의 식사가 쌓이고
하루하루의 시간이 쌓여서
그 쌓인 시간이 서로에게
힘이 되어 주는 것이라 믿는다.

나의 청춘을 기억하는 사람과
나의 세월을 함께 보내는 것.
추억이 많은 부부가 되는 것.

눈에 보이지 않는 우리의 시간이
오늘도 조용히 쌓이고 쌓이길 바라며
우리 부부의 침실에 걸어 둘
작은 갈랜드를 만들었다.

새끼손가락 걸고 약속하는 도안이 마음에 들어
천천히 자수를 놓고
많은 단어 중에 'believe'를 골라
자그맣게 새겼다.

산책길에 주워 온 나뭇가지에 고정해서
침실 한편에 걸어 두었다.

작은 약속과 믿음이
오늘도 차곡차곡 쌓이기를 바라며…….

How to Make

자수 갈랜드 만들기

준비물

리넨 원단, 자수용 실과 바늘, 나뭇가지, 끈, 기화펜, 태슬용 실(자수용 실은 일반 면사를 사용해도 됩니다)

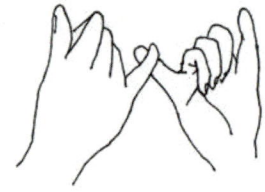 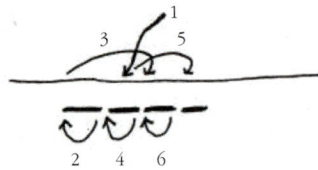 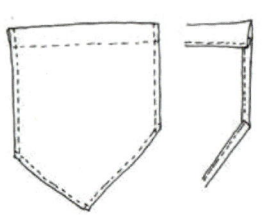 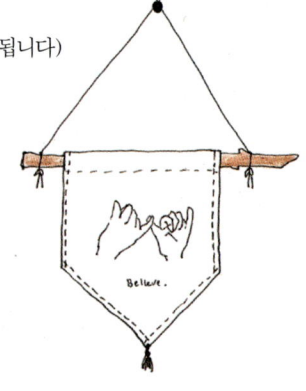

STEP 1

마음에 드는 자수 도안을 물에 쉽게 지워지는 기화펜을 이용해 자수를 놓을 원단에 그려 주세요.

STEP 2

여러 자수 기법이 있지만 간단한 온박음질 기법을 이용해 선을 따라 자수를 수놓아 줍니다.

진행방향이 오른쪽일 때

1. 바늘을 뒤에서 앞으로 통과시키기
2. 1번 지점에서 왼쪽으로 한 땀 온 곳에서 바늘을 앞에서 뒤로 통과시킨 후
3. 1번 시작점의 오른쪽으로 한 땀 간 지점에 뒤에서 앞으로 통과시킵니다.
4. 2번과 3번을 반복합니다.

STEP 3

자수를 놓은 원단을 원하는 모양으로 잘라 테두리를 두 번 접어 일자 박기로 박아 줍니다.

윗부분은 나뭇가지가 통과할 수 있도록 넓게 접어 박아 터널을 만들어 줍니다.

STEP 4

갈랜드 끝부분에 태슬을 달고 나뭇가지를 통과시킨 후 나뭇가지에 끈을 묶어 벽에 걸면 완성!

How to Make

태슬 만들기

준비물

실(일반 봉제실이나 털실 등 원하는 실),
바늘, 가위, 실을 감을 도구(핸드폰이나 책 등 딱딱하고 가벼운 것)

STEP 1

실과 실을 감을 도구를 준비합니다.

STEP 2

원하는 만큼 실을 감아 주세요. 풍성한 태슬을 원한다면 많이 감으면 됩니다.

STEP 3

감은 실을 꺼내 준비해 두고, 태슬의 고리가 될 실을 여러 가닥 길게 준비합니다.

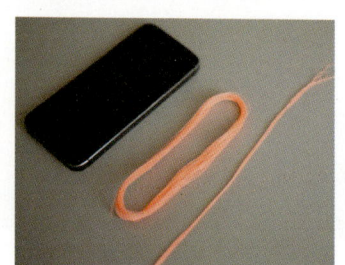

TASSEL

STEP 4 ─────────

태슬이 될 감아 둔 실뭉치를 반으로 접어 태슬 고리가 될 실을 가운데로 통과시킨 후, 묶어서 고정합니다.

STEP 5 ─────────

바늘에 실을 꿰어 태슬 윗부분에 감아 주세요. 단단하게 고정될 정도로 여러 번 감고 매듭을 묶거나 여러 번 감은 실 사이로 바늘을 통과시킵니다.

STEP 6 ─────────

태슬의 실을 가지런히 정리하고 원하는 길이만큼 실을 잘라 길이가 같도록 마무리합니다.

How to Make

어딘가에 태슬을 달고 싶다면

준비물
태슬을 달 스카프나 원단,
실(일반 봉제실이나 털실 등 원하는 실),
바늘, 가위, 실을 감을 도구(핸드폰이나 책 등 딱딱하고 가벼운 것)

STEP 1

태슬을 달 원단이나 스카프를 준비합니다. 바늘에 실을 꿰어 끝부분을 통과시킵니다. 이때 태슬이 단단히 고정되도록 실을 여러 가닥 사용합니다.

STEP 2

실을 두 번 묶어 고정합니다.

STEP 3

태슬은 단단한 곳에 여러 번 감아 준비합니다.

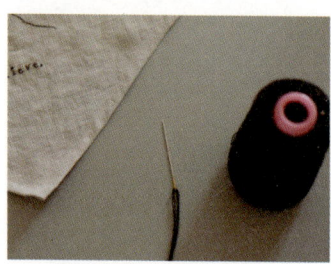
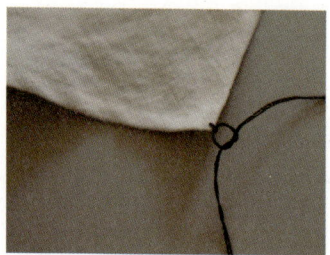

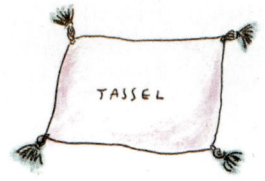

STEP 4 ──────────────

태슬이 될 감아 둔 실뭉치를 반으로 접어 태슬 고리가 될 실을 가운데로 통과시킨 후, 묶어서 고정합니다.

STEP 5 ──────────────

바늘에 실을 꿰어 태슬 윗부분에 실을 감아 주세요. 단단하게 고정될 정도로 여러 번 감고 매듭을 묶거나 여러 번 감은 실 사이로 바늘을 통과시킵니다.

STEP 6 ──────────────

태슬의 실을 가지런히 정리하고 원하는 길이만큼 실을 잘라 길이가 같도록 마무리합니다.

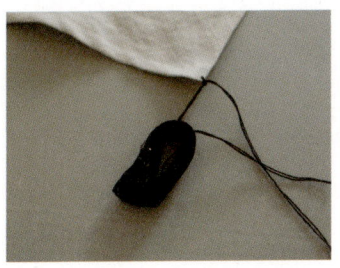
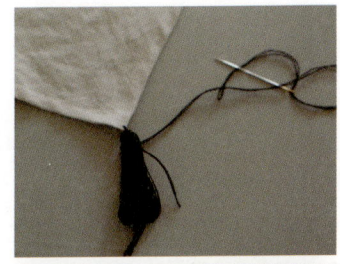

엄마를 위한 방석

법화경 공부를 시작한 엄마가
앉아서 글을 쓰려니 엉덩이가 아프다며
방석을 만들어 달라고 하셨다.

딸내미 등 아프다며
내가 바느질 하는 것을
유난히 싫어하는 엄마인데
웬일로 부탁을 하신다.

다른 일에는 그리도 부지런한 딸은
엄마에게는 늘 게을러서
엄마의 부탁을 미뤄 두다
한참 후에야 방석을 만들었다.

이렇게 금방 만들 것을
미뤄 둔 것이 미안한 마음이 들었다.
엄마의 부탁도
엄마와의 시간도
미루지 말아야 하는데
어리석은 딸은 늘 그 다짐을 잊고 만다.

내가 만든 조그만 방석이
엄마의 작은 안식처가 되길 바라는 마음으로
엄마에게 보낼 방석을
택배 상자에 담는다.

How to Make

지퍼 없는 간단한 방석 커버 만들기

준비물
방석 솜 50cm × 50cm, 자연 색감의 베이지빛 리넨 원단, 자, 가위, 실, 초크

STEP 1

50cm×50cm 크기의 방석에 사용할 원단을 준비합니다. 지퍼 없이 뒤판 2장이 서로 겹쳐지도록 만들 테니,

앞판 : 52cm×52cm, 1장
(전체 시접 1cm 사방 포함)
뒷판 : 52cm×35cm, 2장
(전체 시접 1cm 사방 포함,
중간에 겹쳐질 분량 포함)
을 준비합니다.

STEP 2

뒤판의 가운데 겹쳐질 부분을 시접 처리합니다. 조금 넓게 두 번 접어 일자 박기로 박아 양쪽 모두 깔끔하게 입구 부분을 봉제해 줍니다.

STEP 3

앞판 원단 위에 뒤판 원단 2장을 겹쳐 놓고 테두리 시접 1cm를 띄우고 사각형 모양으로 박아 줍니다.

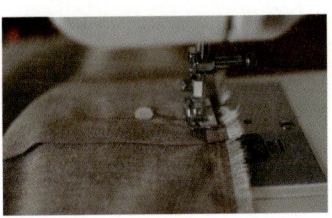

STEP 4

시접은 지그재그로 처리합니다. 가정용 재봉틀이라 지그재그를 사용했지만 오버로크로 마감해도 좋습니다.

STEP 5

뒤쪽의 입구를 벌려 뒤집어 줍니다. 방석 솜이나 쿠션 솜을 넣으면 완성입니다.

친구의 집을 위한 쿠션

새로이 보금자리를 마련한
친구를 위한 선물, 리넨 쿠션.

비록 은행의 지분이 상당하다고 하더라도
서울 하늘 아래
내 집을 마련한다는 것이
쉬운 일이 아님을 잘 알기에
축하하는 마음과 대견한 마음을 담아 준비한
이사 선물.

친구의 취향이 한껏 반영된
세 가지 색의 쿠션.
화이트. 블루. 네이비.

시원시원한 색만큼
새집에서 좋은 일들만 가득하기를 바라며……

How to Make

지퍼 없는 간단한 쿠션 커버 만들기

준비물

린넨 원단, 시침핀, 쿠션 솜

FOR YOUR SWEET HOME.

STEP 1 ──────────────

원단을 1장으로 재단해 줍니다.
쿠션 사이즈가 50cm × 50cm라면
가로 123cm = 50 + 50 + 15 (안쪽으로 접힐 분량)
　　　　　　　+ 양옆의 시접 4 + 4
세로 52cm = 50 + 위/아래 시접 1 + 1

STEP 2 ──────────────

양 끝의 시접을 두 번 접어 박아 줍니다.
1cm를 먼저 접고 3cm를 접어 주었습니다.

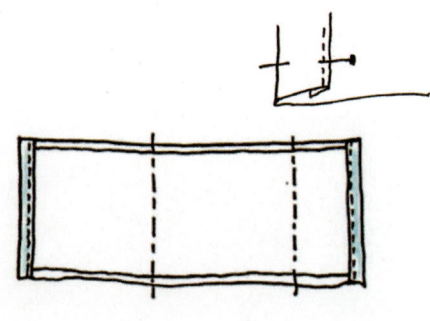

STEP 3 ──────────────

몸판을 접어 겹쳐 줍니다. 이때, 넓은 몸판을 먼저 접
고 안으로 들어갈 분량을 그 위로 접어 줍니다.
접은 상태에서 양쪽 끝의 접어 박은 안쪽 부분이
보이도록 겹쳐 줍니다.

STEP 4 ──────────────

양쪽 시접을 시침핀으로 잘 고정해 준 뒤
시접 1cm를 띄우고 박아 줍니다. 시접은 지그재그
나 오버로크로 마감해 줍니다. 겹쳐지는 부분이
안쪽을 향하도록 뒤집어 주고 솜을 넣어 주면 완성
입니다.

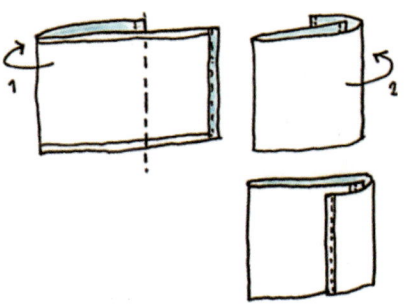

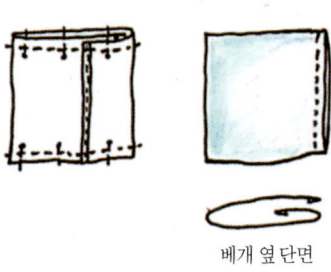

베개 옆 단면

엄마가 된 친구들

서른이 지나고 서른 중반으로 접어들면서
한 아이의 엄마가 되는,
멀게만 느껴졌던 고귀한 일이 주변에 찾아왔다.

나는 아직 경험하지 못했지만
마냥 어린애 같던 주변 친구들이
하나둘 결혼을 하고, 엄마가 되었다.

가까이서 지켜본 엄마가 되는 과정은
생각보다 만만치가 않아서,
아기를 가지는 것도
열 달 뱃속에 품는 것도
무사히 출산하는 것도

태어난 아기에게 젖을 물리는 것도
우는 아이를 달래는 것도
쉬운 건 하나도 없다는 것을 간접 경험하고 있다.

숭고한 일이지만 쉽지 않은
엄마로서의 새로운 인생을 살아내는
그녀들에게,
나는 그저 손으로 조물 조물
선물을 만들어 건네는 것으로
작은 응원을 대신하고 있다.

How to Make

삼각 스카프 만들기

준비물

원단, 폼폼이, 실과 바늘

STEP 1 ───

가로 65cm × 세로 40cm
사이즈의 삼각형 모양에
사방 시접 1cm를 더해
원단 2장을 재단합니다.

STEP 2 ───

겉면이 마주하도록 겹치고
시침핀을 꽂아 고정해 준 후
창구멍을 남기고
시접 1cm 띄우고 박아 줍니다.

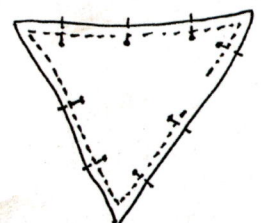

STEP 3 ───

모서리 부분의 시접을 잘라낸 후
창구멍으로 뒤집어 줍니다.

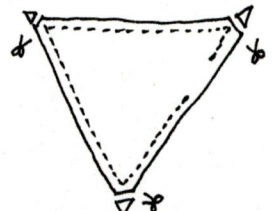

STEP 4 ───

창구멍을 공구르거나
눌러 박기로 꿰매 줍니다.

STEP 5 ─────────────

삼각형 모서리 부분에 폼폼이나
태슬을 달아 장식하면 완성!

How to Make

폼폼 스카프 만들기

준비물 | 원단, 폼폼이, 실과 바늘

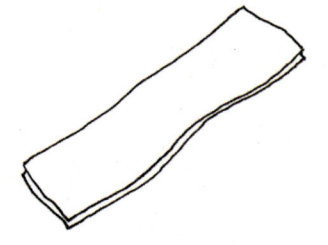

STEP 1 ─────

15cm(가로) × 120cm(세로) 사이즈의 직사각형 모양에 사방 시접 1cm를 더해 2장을 재단합니다.

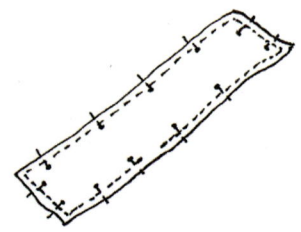

STEP 2 ─────

겉면이 마주하도록 겹치고 시침핀으로 꽂아 고정해 준 후 창구멍을 남기고 박아 줍니다.

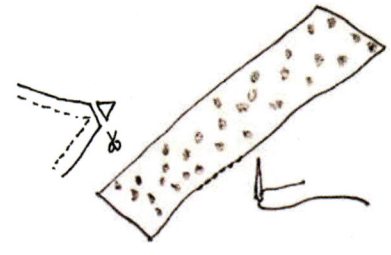

STEP 3 ─────

모서리 부분을 잘라낸 후 창구멍으로 뒤집어 줍니다. 창구멍을 공구르기나 눌러 박기로 꿰매 줍니다.

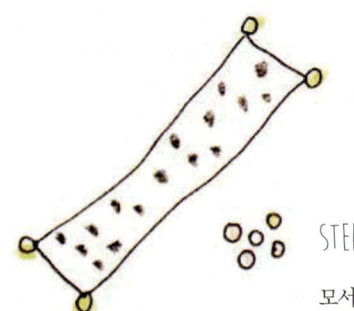

STEP 4 ─────

모서리 부분에 색색의 폼폼이를 달아 장식하면 완성!

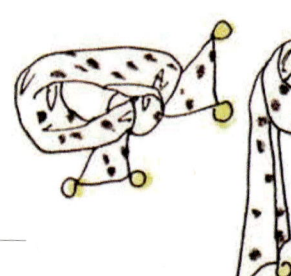

STEP 5 ─────

다양하게 연출해 보세요.

* POMPOM SCARF *

★ TASSEL SCARF ★

How to Make

태슬 달린 이중거즈 스카프 만들기

준비물

이중거즈 원단, 태슬, 실과 바늘, 라벨, 도장

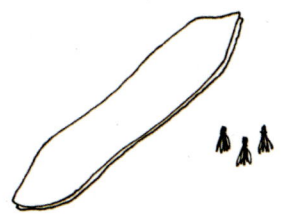 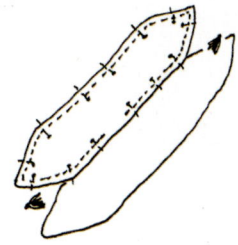 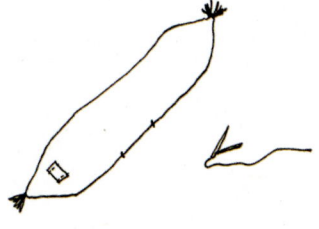

STEP 1
폭 15cm, 세로 120cm 정도의 크기에 시접을 1cm 더해서 2장 재단합니다. (태슬은 동대문 종합시장 B동 1층에서 Tape으로 파는 것을 구입했습니다.)

STEP 2
겉면이 마주하도록 하고 두 원단의 사이에 태슬을 물려서 시침핀으로 고정해 줍니다. 시접을 1cm를 띄우고 창구멍을 남기고 박아 줍니다.

STEP 3
창구멍을 손바느질로 마감합니다. 테이프에 아기 이름의 도장을 찍어 달아 주면 특별한 스카프 완성. 스카프를 완성한 후에 태슬을 달아 주어도 됩니다.

조카 후후의 애착인형 친구들
HUHU'S FRIENDS

어려서부터 늘 언니가 좋다며
잘 때는 안겨서 떨어지지 않고
자주 아프던 언니를 위해
책가방도 들어 주던 고마운 동생.

그랬던 동생이 결혼과 동시에
허니문 베이비를 가지더니
제부를 똑 닮은 조카를 낳았다.

이모 눈에는 사랑스러운 모습만 가득한
매력쟁이 조카 후후.

태어나기 전부터 세 살이 되기까지
하나하나 만들어 주다 보니
꽤 많아진 후후의 친구들.

그 친구들을 소개합니다.

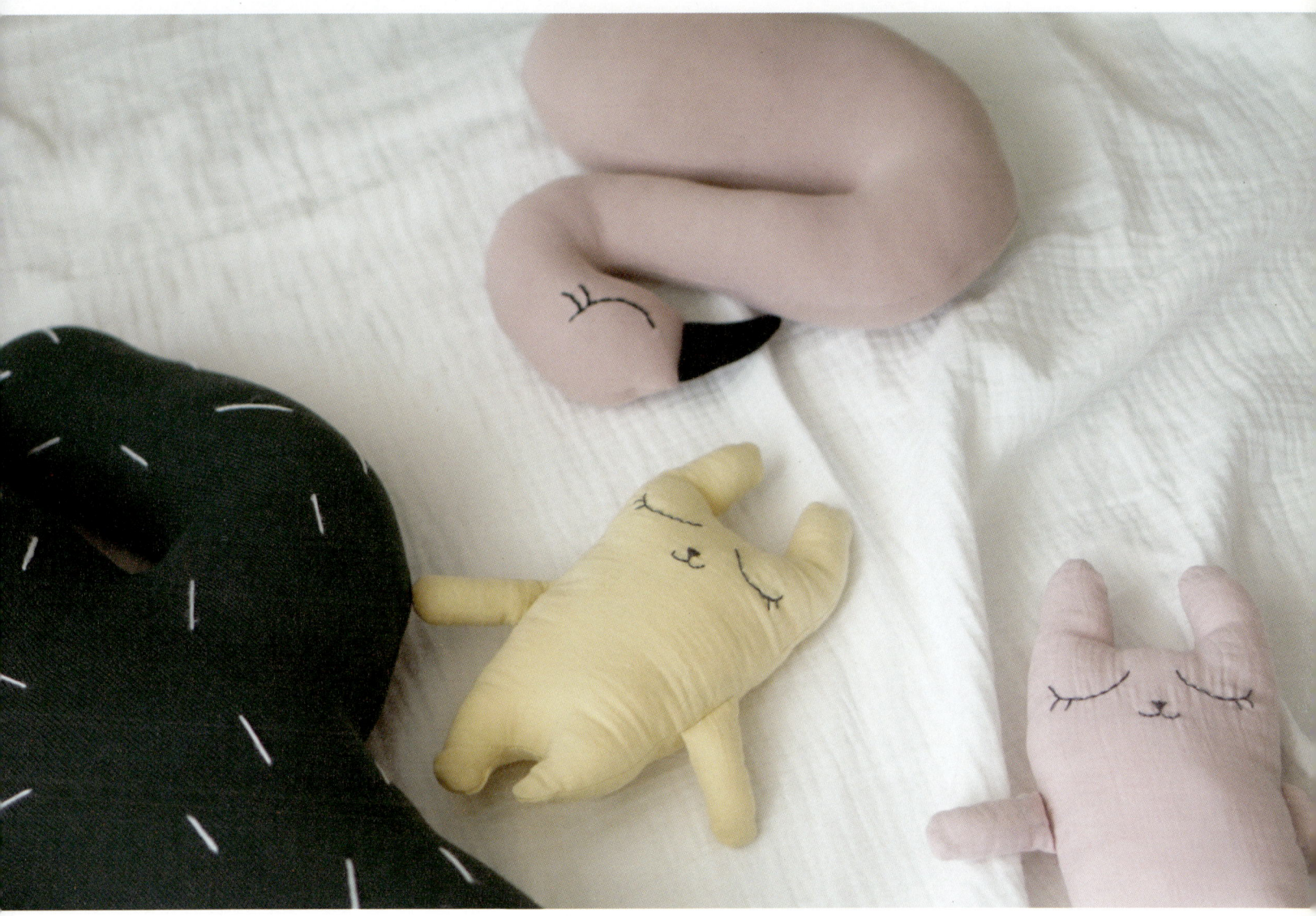

How to Make

첫 번째 친구, 이뇨니

여동생의 임신 소식을 듣고 만들었던, 조카 후후를 위한 첫 번째 애착인형 이뇨니.
발음이 어설픈 아이가 '인형'을 '이뇨니'라고 부르면서 이름이 되었다.

잘 때 꼬옥 안고 자고
아침에 일어나서도 안고 나와 인사를 건네며
식사 시간에는 좋아하는 음식도 먹여 주는
세 살배기의 베스트 프렌드.

이뇨니 만들기

준비물
스트라이프 저지 원단(코튼), 인형 솜, 실과 바늘
(스트라이프 저지 원단은 동대문 종합시장 D동 2층에서 구입하였습니다.)

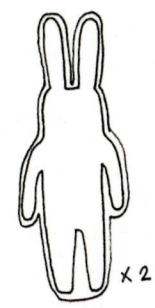 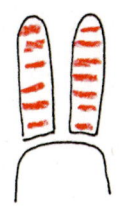 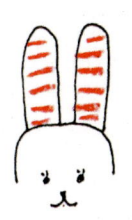 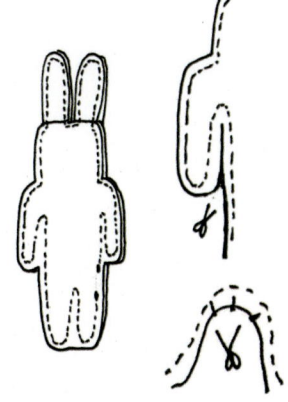 

STEP 1

도안을 그려서 종이 패턴을 준비하고 원단 위에 패턴 본을 그리고 1cm 시접을 띄우고 2장을 재단합니다. 재단할 때, 너무 가까운 팔과 다리 사이는 한 판으로 크게 잘라 주세요.

STEP 2

스트라이프 원단을 사용할 때는 귀 부분에 스트라이프 배색을 주기 위해 따로 재단해서 연결하기도 합니다. 재단된 얼굴에 눈, 코, 입을 자수로 수놓아 줍니다.

STEP 3

자수를 수놓은 겉면이 마주하도록 겹치고 시침핀으로 고정해 줍니다. 1cm 시접을 띄우고 도안을 따라 창구멍을 남기고 박아 줍니다. 창구멍으로 뒤집기 전에 곡선 부분과 덩어리로 재단했던 가랑이 & 겨드랑이 부분에 가위밥을 넣어줍니다.

STEP 4

구멍으로 솜을 넣은 뒤, 창구멍을 막으면 완성!

How to Make

두 번째 친구, 낸내코코

후후가 갓 태어났을 무렵 만들어 주었던
거즈 원단의 촉감이 부드러운 애착인형.

코 자는 모습이 귀여워 낸내코코라
불리는 친구.

낸내코코와 얼굴 크기가 비슷하던 후후는
어느새 인형보다 훌쩍 커버렸지만
여전히 후후가 아끼고 좋아하는 친구,
낸내코코.

그리고 가끔은
어른들에게도 좋은 친구,
낸내코코.

낸내코코 만들기

준비물 | 코튼 소재의 이중거즈 원단, 실과 바늘, 인형 솜, 기화펜, 폼폼이

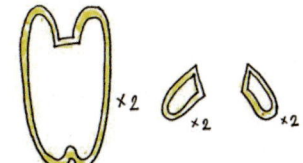

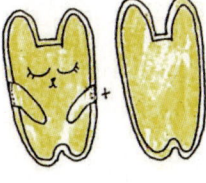

STEP 1
낸내코코 모양의 패턴을 준비합니다.
몸판과 팔 모양의 패턴을 각각
그려서 2장씩 준비합니다.
팔은 좌우를 따로 준비합니다.

STEP 2
2장을 겹치고
입구를 제외한 시접을 박아준 뒤
입구쪽으로 뒤집어 줍니다.
솜을 넣고 입구를 막아 줍니다.
양쪽을 모두 준비해 줍니다.

STEP 3
얼굴에 눈, 코, 입 모양의
수를 놓아 줍니다.
자수사 또는 일반 면사를
원하는 두께로 여러 겹 사용해 줍니다.

STEP 4
수놓은 겉면이 마주하도록
겹치고
팔을 사이에 물려 줍니다.
팔은 안쪽을 향하도록 합니다.

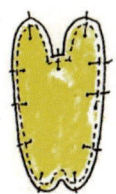

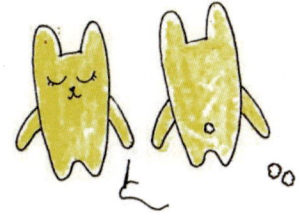

STEP 5
시침핀으로 고정해 준 뒤
시접을 띄우고
창구멍을 남기고 박아 줍니다.
곡선 부분에 가위밥을 준 뒤,
창구멍으로 뒤집어 줍니다.

STEP 6
창구멍으로
솜을 넣어 줍니다.

STEP 7
창구멍을 손바느질로
막아 줍니다.
폼폼이를
엉덩이 부분에 달아 줍니다.

STEP 8
완성!

How to Make

세 번째 친구, 구름

저 하늘의 별도 달도 구름도 다 따 주고 싶은
이모의 마음을 담아 만들었던 구름.
구름은 하늘에 있는 거라며, 늘 쿠션을 들고
힘껏 하늘을 향해 두 팔을 뻗는 조카.
그리고 그 오동통한 팔이 한없이 귀여운 나.

구름 만들기

준비물 | 코튼 소재의 두꺼운 저지 원단 - 하늘색, 털실과 돗바늘, 창구멍 막음용 실과 바늘, 인형 솜, 기화펜

STEP 1 ─────────

구름 모양의 패턴을 하늘색의 원단에
대고 기화펜으로 그려줍니다.
시접 1cm를 더해 2장을 재단합니다.
★ 실물 패턴이 부록에 있습니다.

STEP 2 ─────────

돗바늘에 털실을 끼워
눈과 입 모양으로 수를 놓아 줍니다.

STEP 3 ─────────

자수가 놓아진 겉면이 마주하도록
겹쳐 놓고 시침핀으로 잘 고정해
준 뒤, 완성선을 따라
창구멍을 남기고 박아 줍니다.

STEP 4 ─────────

꺾임이 큰 부분들에 가위밥을 주어
창구멍으로 뒤집어 줍니다.

STEP 5 ─────────

창구멍으로 솜을 넣어 줍니다.

STEP 6 ─────────

창구멍을 손바느질로 막아 줍니다.

STEP 7 ─────────

귀여운 구름 쿠션 완성!

How to Make

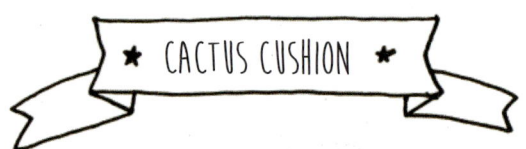

네 번째 친구, 선인장

우리 집 거실의 선인장을 보고는,
집에 선인장을 하나 들이고 싶은데
아직 어린 조카 때문에 걱정이라던 동생에게
선인장 모양의 쿠션을 선물하면
어떨까 해서 만들게 된 선인장 쿠션.

보송보송 털실로 가시 모양을
수 놓고 솜으로 가득 채운,
포근하고 안전한 후후 친구 선인장

선인장 만들기

준비물

코튼 소재의 두꺼운 저지 원단 - 진한 녹색, 털실과 돗바늘, 창구멍 막음용 실과 바늘, 인형 솜, 기화펜

STEP 1

선인장 모양의 패턴을 녹색의 원단에 대고 기화펜으로 그려 줍니다.
시접 1cm를 더해 2장을 재단합니다.
이때, 시접이 너무 가까운 부분은 덩어리로 재단해 줍니다.
(봉제 후, 가위밥을 줍니다)

★ 실물 패턴이 부록에 있습니다.

STEP 2

돗바늘에 털실을 끼워 가시 모양의 수를 놓아 줍니다.

STEP 3

자수가 수놓아진 겉면이 마주하도록 겹쳐 놓고 시침핀으로 잘 고정해 준 뒤, 완성선을 따라 창구멍을 남기고 박아 줍니다.

STEP 4

시접이 가까웠던 부분과 곡선 부분에 가위밥을 주어 창구멍으로 뒤집어 줍니다.

STEP 5

창구멍으로 솜을 넣어 줍니다.

STEP 6

창구멍을 손바느질로 막아 줍니다.

STEP 7

선인장 완성!

How to Make

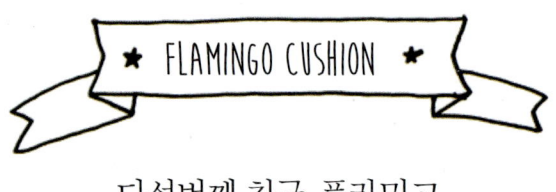

다섯번째 친구, 플라밍고

준비물
코튼 소재의 두꺼운 저지 원단 - 핑크색 & 검정색, 자수용 실과 바늘, 실과 바늘, 인형 솜, 기화펜, 초크

사실은 이모가 갖고 싶어 만들었지만 동물을 좋아하는 후후에게도 좋은 선물이 되길!
여자 친구들에게 인기가 좋은 핑크색 플라밍고를 무기로 귀여운 친구들도 많이 사귀길.

STEP 1 ─────────

플라밍고 패턴을 준비합니다.
부리 부분은 따로 그려서
준비합니다.

STEP 2 ─────────

부리 모양의 패턴을 검정색 원단에
대고 초크로 그려줍니다.
시접 1cm를 더해 재단합니다.
시접을 띄우고 패턴 모양으로
박아 줍니다.
입구 부분은 박지 않고,
그 부분으로 뒤집어 줍니다.
입구 부분을 상침으로 눌러 박아
부리를 만들어서 준비합니다.

STEP 3 ─────────

플라밍고 몸판 패턴을 핑크색 원단에
대고 기화펜으로 그려 줍니다.
시접 1cm를 띄우고 재단합니다.
이때, 시접이 너무 가까운 부분은
덩어리로 재단해 줍니다.
(봉제 후, 가위밥을 줍니다)

STEP 4 ─────────

플라밍고의 눈 모양으로
자수를 놓아 줍니다.
자수사나 일반 면사 중 두꺼운 실을
사용해 줍니다.

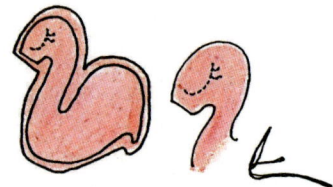

STEP 5

자수가 놓아진 겉면이 마주하도록 겹쳐 놓고 그 사이에 부리를 껴 줍니다. 이때, 부리는 안쪽을 향하도록 합니다.
시침핀으로 잘 고정해 준 뒤, 완성선을 따라 창구멍을 남기고 박아 줍니다.

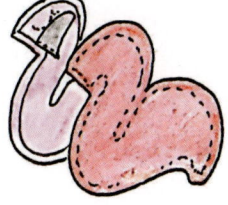

STEP 6

시접이 가까웠던 부분과 곡선 부분에 가위밥을 주어 창구멍으로 뒤집어 줍니다.

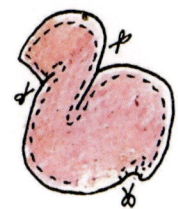

STEP 7

창구멍으로 솜을 넣어 줍니다.

STEP 8

창구멍을 손바느질로 막아 줍니다.

STEP 9

플라밍고 쿠션 완성!

어린 소녀를 위한 토끼 리본 머리띠

모양을 자유자재로 만들어 줄 수 있는 와이어를 이용해 만든 리본 머리띠.
어여쁜 여자 아이들의 선물로도 좋고 기념일이나 생일에 포인트 소품으로 재미난 사진을 찍어도 좋을 아이템.

How to Make

토끼 리본 머리띠 만들기

준비물

자투리 원단, 머리띠, 와이어
(머리띠, 와이어 구입처 : 동대문 종합시장 A동 5층)

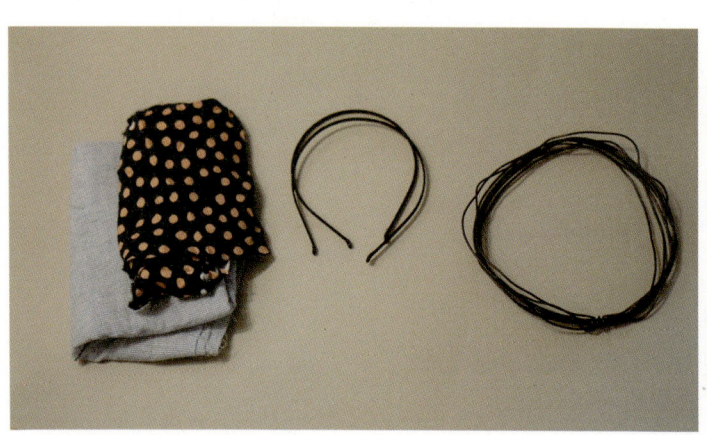
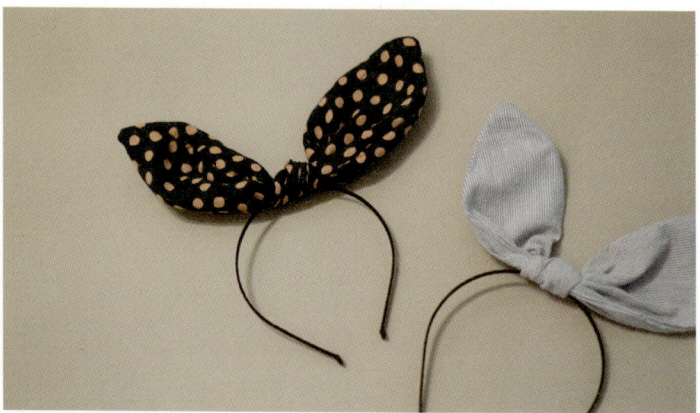

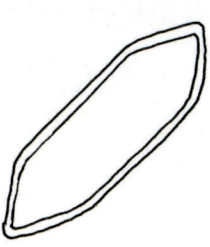
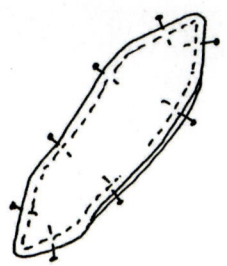
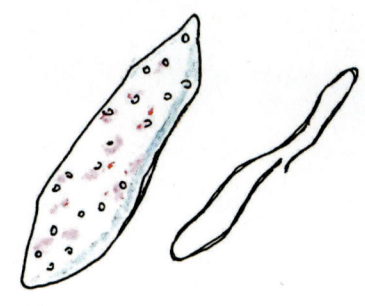

STEP 1

원하는 사이즈의 리본 모양의
패턴을 준비합니다.
가로 12cm × 세로 48cm의 크기로,
양 끝부분은 자연스럽게 뾰족해지도록
그려 줍니다. 원단에 패턴을 대고 그려 줍니다.
시접 1cm를 더해 2장을 재단합니다.

STEP 2

겉면이 마주하도록 시침핀으로
고정한 후 창구멍을 남기고
시접 1cm를 띄우고
일자 박기로 박아 줍니다.

STEP 3

창구멍으로 철사를 넣어 줍니다.
이때, 철사로 한쪽 리본 모양을 미리
만들어 넣어주면 쉽게 넣을 수 있습니다.

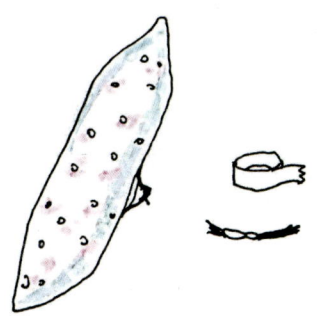
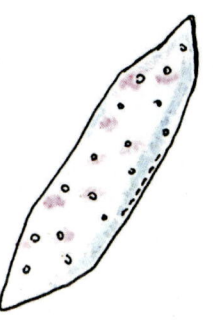

STEP 4

테두리에 철사를 잘 고정해 준 후
두 끝부분을 서로 이어준 뒤 테이프로
감싸줍니다.

STEP 5

창구멍을 막아 줍니다.

STEP 6

리본을 머리띠에 묶어 모양을
잡아 줍니다. 철사를 구부러뜨려,
원하는 리본 모양을 만들어 줍니다.

패브릭 고깔모자와 함께하는 생일 파티

대학 시절의 친구들과는 생일 파티를
챙기는 편이다.
이 나이에 여전히 생일 파티를 하는 우리가 좋다.
꽤 정성 들여 생일 초대장을 만들어 보내는
친구들도 있는데
매년 새로운 버전의 초대장을 만들어 내는 것을
보면 여전히 젊고 열정적이다.

그런 친구들의 합동 생일 파티를 위해
고깔모자 두 개를 만들고
선물을 준비해 간다.

서른이 넘은 귀여운 친구들이
깜찍한 고깔모자를 쓰고
신이 나서 초등학생들처럼 초를 분다.

20살의 모습과 달라진 것 없는
우리의 시간.

How to Make

고깔모자 만들기

준비물 | 마분지와 같은 딱딱한 종이, 패턴 원단, 스프레이풀, 테이프 또는 스테이플러, 글루건, 폼폼이, 끈

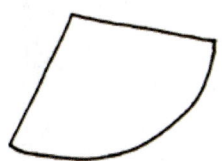

STEP 1 ————

종이를 부채꼴 모양으로
잘라 주세요.

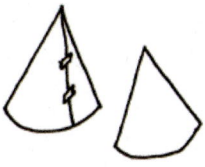

STEP 2 ————

테이프나 스테이플러로 고정해
고깔 모양으로 만들어 줍니다.

STEP 3 ————

고깔모자에 어울릴 만한 원단을
시접 분량을 포함해서 잘라 주세요.

STEP 4 ————

원단을 스프레이 풀로
붙여 주세요.

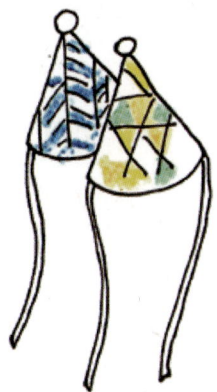

STEP 5 ————

고깔모자의 꼭대기에
폼폼이를 글루건으로
붙여 줍니다.
머리에 묶을 수 있도록
모자 안쪽에 끈을 달아
고정합니다.

선물의 집

초등학생 시절, 학교를 마치고
집으로 오는 길은 꽤 길게 느껴졌다.
30분 정도 걸어야 하는 하굣길에서
꼭 거치는 장소들이 있었다.

깡통시장 입구에 자리한
욕쟁이 할머니네에서 떡볶이를 사 먹고,
꽤 가파른 언덕길을 오르다 지칠 때쯤
한 여고 앞의
'선물의 집'에 들르곤 했다.

센스 있는 주인아저씨가 계절마다
가게 외관을 예쁘게 꾸며 놓아서
그 가게에 들어가는 것만으로도 왠지 기분이
좋았던 기억이 난다.

용돈을 차곡차곡 모아서
갖고 싶은 물건이 생기거나
친구의 생일 선물을 살 일이 생기면
매일매일 들여다보던 것 중
하나를 골라서 사곤 했던 그 공간.

지금은 비록 사라져버렸지만
언제나 들어서면 설레던
그와 같은 공간의 주인이 되고 싶었다.

주변에 선물하거나 주문받은 물건을 포장할 때
마치 '선물의 집' 주인이 된 것처럼
설레는 마음이 된다.
받을 사람을 생각하며 두근거리는 마음으로
정성을 다해서 다림질하고, 포장을 하는
순간이 좋다.

어린 시절의 작은 꿈을 이룬 것 같은 기분으로
나의 손길과 마음도 함께 전해지길 바라는 순간.

마음을 담는 나만의 포장법

물건을 살 때 선물을 받는 것처럼
포장이 되어 있으면 기분이 참 좋다.
한편으로는 너무 많은 포장지가 사용되는 것은
좀 아까운 마음도 든다.

선물을 포장할 때 종종 종이를 대신해
패브릭으로 파우치를 만들거나
주머니를 만들어 대신 하곤 한다.

만드는 번거로움은 있지만
선물 포장도 되고 받는 사람에게도
쓸모가 있을 것 같아 좋다.

특별한 누군가를 위한 선물에는
테이프에 도장으로 이름을 찍어
세상에 하나뿐인 라벨을 만들어
달아 주기도 한다.

누군가와
오래도록 함께 할 수 있는 나의 포장법.

패브릭으로 만들 수 없을 경우에는
자연에 가까운 소재들을 사용해 포장을 하곤 한다.
크라프트지, 지끈, 잘 말린 식물,
자투리 원단을 이용해 만들어 둔 태그와 라벨.

크라프트 종이로 선물을 소중히 감싸 준 후
털실이나 지끈을 이용해 묶어주는데
말린 잎이나 식물이 있으면 함께
묶어 주기도 한다.

자투리 원단으로 만들어 둔 태그와 라벨을
넣어주면 포장 완성.

자연에 가까운 소재들로
정갈하게 마음을 담아 낸다.

네 번째 이야기

패브릭과 함께 한 영감 가득한 순간들

긴 여행을 떠날 때 늘 함께하는 키친크로스

그 위에 펼쳐진 소박하지만 따스한 한 끼 식사

나의 기록법

스쳐가는 생각과 작은 깨달음들을 고이 잡아
간직할 수 있는 온전한 나의 시간을 좋아한다.

소소한 영감들에게 무장 해제되어
그것들을 듬뿍 흡수할
마음의 준비가 되어 있는 상태의 나를 좋아한다.

그런 스쳐 가는 작은 깨달음을,
소소한 영감들을 기억해 두기 위해
사진을 찍고 그림을 그린다.

사진은 나의 시선의 머무름을
간편하게 포착할 수 있어 좋고,
그림은 손으로 꾹꾹 눌러서 시간을 담아 둘 수
있어서 좋다.

그리고 그것들을 다시금 꺼내어 볼 때면,
잊고 있던 순간들이 생생하게 되살아나서
또 좋다.

작은 그림 한 장의 힘

새로운 장소에 갔을 때 그림을 그릴
시간과 공간이 주어지고
그 공간에서 좋은 기운과 영감을 얻는다면
끄적끄적 그림을 그린다.

혹시 모를 순간들을 대비해 그림 도구는
몇 가지라도 챙겨다니는 편이다.

한 장의 그림은 때로
그 공간의 주인들에게 건네는
나의 작은 선물이 되기도 한다.
말이 통하지 않는 낯선 장소에서는 좋은 인사가
되고 그저 스쳐 가는 인연을 오래 기억하게 하는
묘약이 되기도 한다.

치앙마이 여행 중의 일이다.
치앙마이 동쪽에 자리한
'junjun 샵 & 카페'에 갔을 때
그곳의 분위기가 좋아 그 풍경을 그린 그림을
가게 주인인 Jun에게 수줍게 건넸다.
그림을 가운데 두고
두런두런 작은 이야기를 나누었다.
잠시 후, Jun 역시 감사의 표시라며 손글씨가
적힌 작은 봉투를 건넸다.
봉투 안에는 손수 만든듯한 팔찌가 들어있었다.

작은 그림 한 장을 주었을 뿐인데
고마운 마음이 돌아와 마음이 참 따뜻했다.
마음을 건네지 않았더라면 몰랐을 따뜻함.

가게를 떠날 때는 현지인들 사이에 유명한
근처의 맛있는 식당을 소개받아
여행이 더 풍요로워졌다.

종이 한 장의 힘을 경험한 그 날 이후로,
가끔이지만 용기 내 그림을 건네곤 한다.

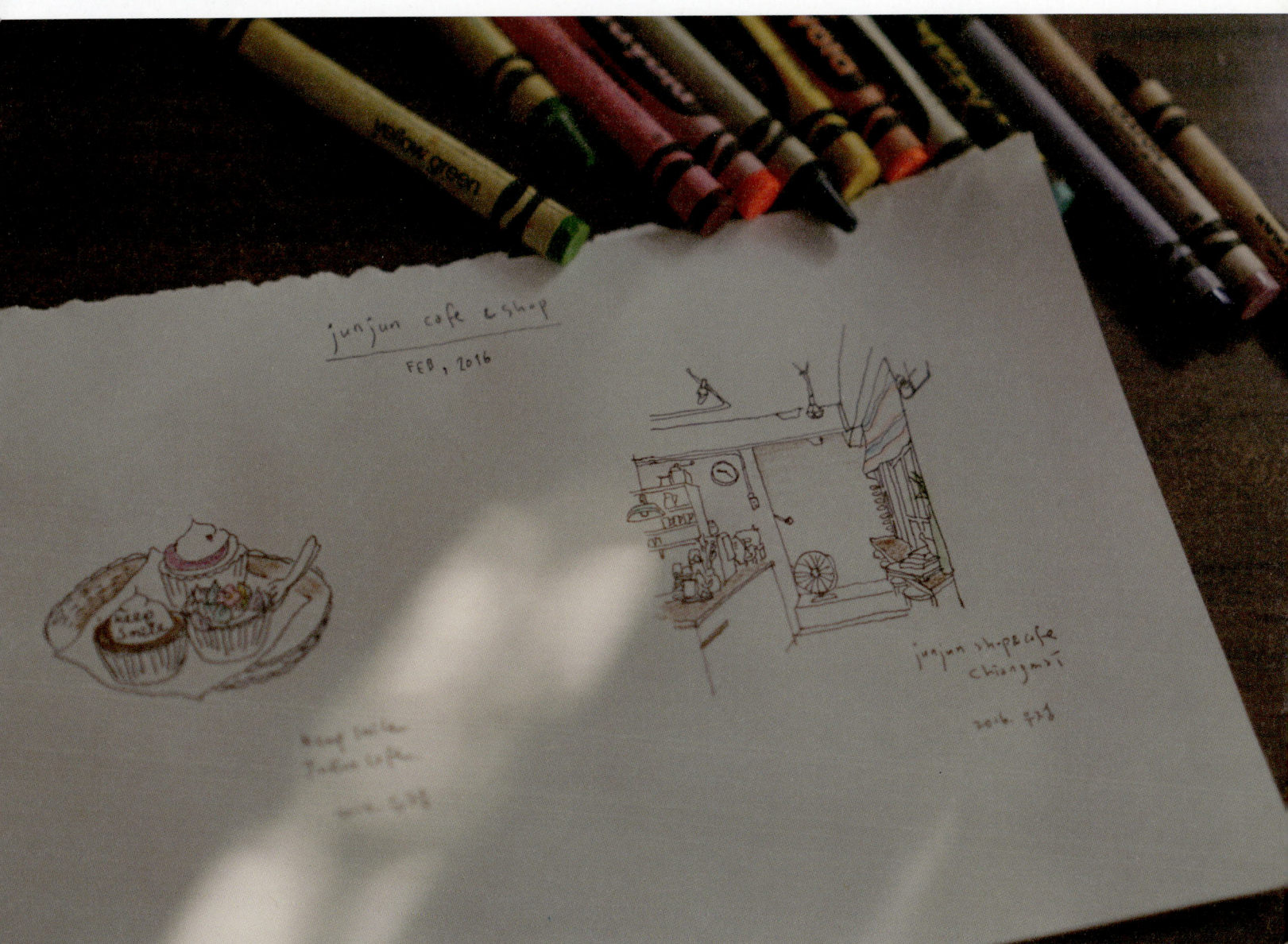

수집, 물건 이야기

여행 중에
가게의 소품 하나하나, 심지어 공기까지
주인장의 느낌을 닮은 공간을 발견할 때면
늘 가슴이 뛴다.

특히, 패브릭이나 핸드메이드 소품 가게에 가면
더 애정 어린 시선으로 살펴보게 되는데
그런 공간에서 하나둘,
사 모은 물건들을 모아 놓고 보니
온 곳은 각기 다르지만 친구들처럼
서로 잘 어울린다.

코펜하겐, 도쿄, 치앙마이, 루앙프라방,
포틀랜드, 아스토리아, 런던, 파도바, 뉴욕 …….
각자의 장소에서 각자의 이야기를 가지고
나에게로 온 물건들이
나와 함께 이곳에서 새로운 이야기를 만들어
나갈 수 있기를 바란다.

그리고 또 새로운 곳에서 발견할 보석 같은
아이들을 기다려 본다.

닮고 싶은 오래된 상점들

백 년이 넘은 부자재 가게
in Padoba

베네치아를 향한 여행 중, 잠깐 들렀던 도시 파도바.
그곳 광장에서 우연히 발견한 부자재 가게.
눈에 띄는 외관은 아니었지만 분위기가 남달랐는데
가게에 들어가 찬찬히 살펴보니
무려 1913년에 문을 연 가게였다.

세월의 흐름을 고스란히 담은 벽면의 사진과
빼곡하지만 가지런히 정리되어 있던
다양한 종류의 부자재와 물건들에서
그들의 역사를 느낄 수 있었다.

그 소박한 가게에서 구입한 귀여운 색의 옷핀은
후에 가정식 패브릭 로고의 모티브가 되었는데,
나의 작은 작업들도
그들처럼 화려하지는 않지만
천천히 오래도록 자리를 지켜나갈 수 있기를 소망해 본다.

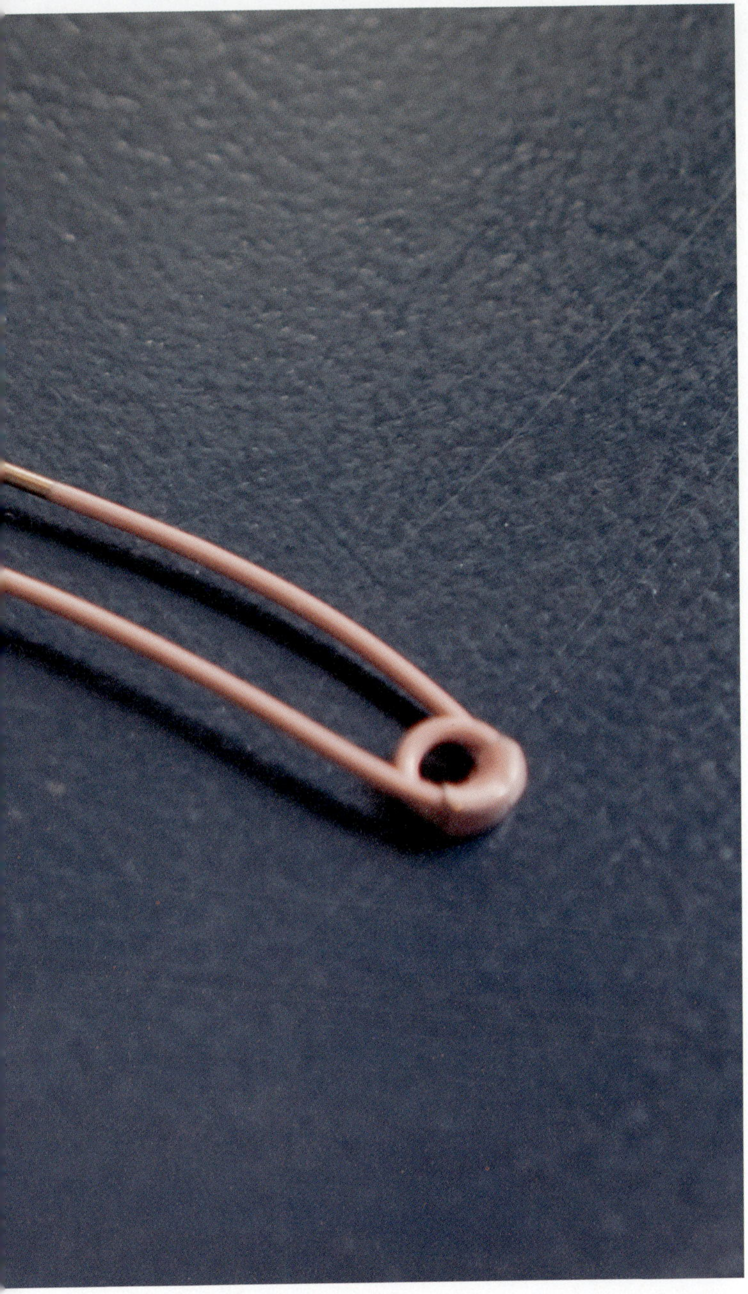

Mercerie Al Salone Dei F.Li, Marchetti
Piazza dei Frutti, 35122, Padova, Italy

느긋한 손길
in Shoreditch

Labour and Wait
85 Redchurch St, London, E2 7DJ, England

가고 싶었던 목적지를 찾아가는 재미도 좋지만
천천히 길을 걷다가 몰랐던 곳을 새로이
발견하는 기쁨 역시
여행이 주는 큰 선물 중의 하나.
런던 쇼디치의 골목에서 우연히 만난
'Labour and Wait' 또한 그랬다.

빗자루, 가방, 옷, 비누, 조명 등의 생활 소품은
물론이고 내가 관심 있는 바느질용품, 가위 등을
판매하던 라이프 스타일 숍.

구석구석 알찬 물건들로 가득하던 그곳에는
정갈하게 진열된 가게의 분위기와 잘 어울리던
멋진 주인아저씨도 계신다.

물건들을 정성스레 포장해 주던
그 느긋한 손길이 좋아
양해를 구하고 카메라에 담았던
8월 27일의 오후.

나만의 비밀 장소
Mercerie in Paris

La Mercerie Parisienne
8 Rue des Francs Bourgeois, 75003, Paris, France

로맨틱한 마레 지구의
작은 부자재 가게.

마레의 상점들이 늘어선 길에서 한 발짝 들어서면
작은 중정을 앞에 둔
담쟁이 덩굴이 뒤덮힌 가게가 있다.
다양한 종류의 원단과 테이프, 단추, 실 등을 판매하는 상점인데
파리를 닮은 우아한 부자재와 원단이 가득한 곳이다.
그것들이 진열된 방식 또한
누군가의 아틀리에에 온 듯 정성스럽고 낭만적이어서
쇼룸의 정경만으로도 영감을 주는 곳이다.

파리에 갈 때마다
영감을 얻기 위해 꼭 들르는 나의 비밀 장소.

231

당분간은 나를 위해서만
in Chiang Mai

도시로의 여행도, 쉼이 있는 휴양지도 좋지만
가끔은 고유의 색을 지닌 장소로의 여행이 좋다.
리스트에 품어 왔던 장소가 하나씩 현실이 되어
가는 것은 나이를 먹을수록 쌓이는
기쁨이기도 하다.

태국의 치앙마이는 친구 MK와 함께 예전부터
가자고 했던 곳인데 올해 초, 마침 일정이 맞아서
함께 떠날 수 있었다.
여행 취향이 비슷한 친구가 있다는 것은
참 고마운 일이다.
가끔은 여자들만의 여행이 필요한 법이니까.

떠나기 전, 사진으로 보았던
다양하고 독특한 색감의 거리와 가게의 모습에
설레었는데 실제로 만난 치앙마이가 우리의
기대를 완벽히 채워 주었다.

예로부터 태국 북부 지방의
란나 왕국의 수도로서
도자기, 직물 등의 수공예품과 예술적인 문화가
발달해왔던 지역이라 그런지
손재주가 좋은 작가들이 직접 만든 소품을 파는
가게가 많았다.

도심에서 약간 떨어진 곳에는
반캉왓, 펭귄빌라, 페이퍼스푼과 같은
공방, 작업실, 카페들이 모여서
작은 공동체를 이룬 마을들이 있었다.
그들의 유대와 문화를 사랑하는 방법이
너무나 사랑스러워
"아, 너무 좋다"를 백 번은 연발했던 것 같다.

비슷한 작업을 해나가는 사람들이 모여
서로 영감을 주고
공동체를 만들어 나가는 것.
이들을 보니, 어려운 일이 아니라는
생각이 들었다.
가슴 속에 작은 소망 하나가
살포시 자리를 잡았다.

치앙마이에서의 우리를 누군가 지켜보았다면
뭐 대단할 게 없는데-라고 생각할지도 모르겠다.
그저 걷다가 멈춰 서서 가게들을 구경하다가
카페에 들러 차를 한 잔 마시는 것이 전부였지만
나에게는 작은 가게들이, 길가의 색들이
작은 감동과 영감을 끊임없이 던져 주는
시간의 연속이었다.

리넨 소품이 가득한 시모키타자와의 오후 2시 반

20대 시절의 내가 참 사랑했던 도시, 도쿄.
지유가오카, 시모키타자와 같은
소박한 동네에서
일상을 보내듯이 골목을 걷거나
작은 가게들을 구경하는 걸 좋아했다.

오랜만에 다시 찾은 도쿄에서 들른 곳은
시모키타자와의
한적한 주택가에 자리한 '포그리넨'.
「kinfolk」에서도 소개된 유미코 세키네 대표가
운영하는 브랜드로
리넨으로 만들어진 다양한 소품과 의류 등이
전시된 쇼룸이다.

평소 내가 사랑하는 소재인 리넨 소품이
가득한 그곳은
참 많은 영감과 동기를 주는 곳이다.
소품 하나하나에서 패브릭에 대한
자신만의 철학이 느껴진다.
실용성과 단순함에 근거한,
소박하지만 확고한 느낌.

때마침 2층에서 미국 브루클린을 기반으로 한
자수 브랜드,
'Coral & Tusk'의 전시회가 열리고 있어서
운좋게 관람할 수 있었다.

벽면 가득 디자이너 스케치와
자수가 전시되어 있었고,
가을 햇살이 창을 넘어
한쪽 작업 테이블을 비춰 주었다.

자수 작품뿐만이 아니라 여행 사진과
민속적인 모티브, 동물, 소품 등
작품의 원천이 되는 오브제들이 벽에 걸려
있었다.

여행과 수집을 통해
영감의 조각을 수집하고
머릿속 상상을 손으로 그리고
그림에 색을 입히고 자수 작업을 거쳐
마침내 일상에 조화롭게 스며드는 무언가를
만들어 내는 작업의 과정을
가만히 상상해 볼 수 있는 공간이었다.

머릿속에 머물러 있는 무언가를 끄집어내서
자신만의 방식으로 표현하고 만들어 낸다는 것이
쉽지 않은 과정임을 알기에
개성 있는 작품을 만든 그들에게 존경스러운
마음이 들었다.

공간을 따뜻하게 반짝이던 공기를
천천히 잔뜩 흡수하고
나도 나만의 색을 만들어 나가야지-하고
되뇌이는 오후였다.

정겨운
가정식
패브릭을
만났던
토스카나
농가 민박

이탈리아 시에나를 출발해서
몬테풀치아노를 향하는 길.
엽서 속에나 나올 것 같은 토스카나 지방의 멋진
풍경들을 지나다 보면
길가에서 어렵지 않게 보는 팻말, agriturismo.
우리나라 말로 '농가 민박'에 해당하는 단어로
마을의 농가에서 여행객들이 잠을 자고 갈 수
있는 토스카나 지방의 고유한 숙박 형태라고
한다.

몬테풀치아노 마을 근방에 도착한 우리,
경치가 좋은 곳에 있는 agriturismo 팻말을 보고
무작정 들어갔다.

넓게 펼쳐진 올리브밭 한가운데 자리한 그곳은
건물 너머로는 몬테풀치아노 마을의 풍경이
보이는 그야말로 그림 같은 곳이었다.

운이 좋게도 수영장까지 딸린 빈 독채가 있어
그곳에 머무를 수 있었는데,
민박이라고 하기엔 너무나 호사스럽고 아름다운
곳이었다.

1박을 머무르는 가격은 단돈 90유로.
인심 좋은 주인아저씨가 2박에 160유로로
깎아 주셨다.
아름다움에 취해 우리는 그곳에서
일정보다 하루 더, 쉬어 가기로 했다.

창가의 바란스 커튼, 식탁 위의 키친크로스, 침대 위의 퀼팅 이불 등 정겨운 패브릭이 함께하는 공간

그곳에 머물며 공간을 장식한
그들의 가정식 패브릭을 살펴볼 수 있었는데
테이블 위를 장식한 코바늘 매트,
레이스가 달린 창가의 바란스 커튼,
침대 위의 퀼팅 이불,
주방에 마련된 키친크로스까지
정말 시골의 농가에 머무르는 것 같은
소박하지만 정성이 들어간 패브릭들이었다.

흔하디 흔한 물건이지만 의미 있는,
간결하지만 자꾸 손이 가는,
물건이지만 가족 같은,
화려하지 않지만 정갈한.

내가 추구하는 가정식 패브릭과 닮아 있는
정겨운 패브릭들과 함께하는 공간.

아름다운 초록의 올리브밭 한가운데
꿈같던 그곳에서의 시간이 오늘도 그립다.

리넨 앞치마, 키친크로스와 함께 한
유럽에서의 아름다운 식사

3개월간 떠났던 유럽 자동차 여행의 주식은
캠핑장에서 손수 지어 먹는 요리였다.
평생 살면서 만든 요리의 수보다, 여행을 하면서
만든 요리가 더 많을 만큼 매일 요리를 했다.

요리 실력은 대단하지 않지만
스위스의 산자락에서,
독일의 어느 호숫가에서,
노르웨이의 피오르 앞에서,
대자연을 벗 삼아 만들던 두 사람의 식사.

그리고 여행에 함께 한,
나의 리넨 앞치마와 키친크로스들.

어디서든 앞치마를 두르면 요리사가 될 수 있고
키친크로스를 깔면 분위기 있는 훌륭한 식탁을
꾸밀 수 있던 시간들.

여행 중에도 늘 키친크로스와 함께 한 식사들

하이킹을 갈 때는 샌드위치 도시락을 싸고
키친크로스 하나를 챙겨 넣는다.
한참을 산을 올라 허기가 질 때,
적당한 장소에 키친크로스를 깔고
준비해 온 샌드위치와 음료, 과일을 꺼내면
우리 둘만을 위한 소박하지만 근사한
점심시간이 된다.
그림 같은 풍경은 후식.

CAMPING MUNICIPAL
MOLSHEIM, ALSACE
FRANCE

리넨 원피스와 함께 한
5월의 제주

"제주도 가지 않을래?"
즉흥적으로 동생이 물어 와
좋다고 대답했다.

얼마 전, 이모들과 제주도를 다녀온 엄마가
우리 자매도 제주도 여행을 다녀올 수 있게
조카를 돌봐 주시기로 했다.

언제나 고마운 엄마 덕분에
자매의 제주 여행이 허락되었다.

미리 만들어 둔
리넨 원피스를 동생과 함께 입으면 좋을 것 같아
가방에 챙겨 넣었다.
새로이 만든 피크닉 매트와 거즈 담요도
함께 챙겼다.

한 시간도 걸리지 않는 비행으로 도착한 제주.
가까이에 이리도 아름다운 곳을 두고
그렇게 오기가 힘들었나 싶도록
오월의 제주는 맑은 하늘 아래
자신의 매력을 한껏 드러내 주었다.

자매가 나란히 리넨 원피스를 입고
투명에 가까운 바닷물에 발을 담그고
우연히 만난 풍성한 노란 꽃밭에 몸을 숙이고
인적이 드문 초록빛 섬에서
제주의 바람을 쐬었다.

바닷가 앞에서, 들꽃 속에서,
마음에 드는 곳 어디든 잠시 자리를 펴고
앉아서 쉬어 가기도 했다.

자연을 닮은 리넨 원피스가
제주 바람에 온몸을 펄럭이며 나부꼈다.

이 모든 것들을 함께할 수 있는
동생이 있어 고마운,
오월의 제주였다.

낸내코코와 함께 한 여행

애착이라는 건
갓 세상을 배워가는 아이뿐만 아니라
바쁘고 각박한 시대를 살아내는 어른에게도
필요한 것이어서
어른인 주변 친구들에게도 내가 만든
애착인형 낸내코코를
종종 선물하곤 한다.

따스한 솜을 품은 온화한 표정의
작은 존재가 주는 마음의 평안이 생각보다
커서 잠을 잘 잤다고 친구는 말했다.
비록 아침에 일어났을 때엔 엉덩이에 깔려
있었다고 했지만.

나 또한
캠핑이나 여행을 떠날 때 종종 낸내코코와
동행하기도 하는데

춥고 깊은 숲의 텐트 속에서 나의 품에 안겨
서로 작은 온기를 나누기도 하고
한가로이 책을 읽을 땐
곁에서 조용히 지켜봐 주기도 하고
간직하고픈 풍경을 마주할 때면
나를 대신해 꽃 속에, 나무 속에,
하늘 속에 들어가서
포즈를 취하기도 한다.

어른스럽지 못한 행동처럼 보일지라도
언제나 함께할 수 있는 따뜻한 친구 하나쯤은
누구에게나 필요한 것이니까라며
작은 변명을 해 본다.

영감을 주는 미술관 나들이

지금은 뉴욕에 살고 있는 친구와
20대 시절을 회상하면 떠오르는 추억이 있다.

아마도 사회생활을 시작한 지 얼마 되지 않았을
스물 네 다섯 무렵의
어느 금요일 밤,
대학시절 동아리 친구들과 홍대에 모여
밤을 새워 이야기를 나누고
하나 둘 집으로 돌아가고
마지막에 우리 둘만 남았는데
주말이 아까웠던 둘은
토요일 아침부터 팔판동의 미술관을 찾았었다.

체력도 참 좋았다고 회상하는
그날 아침 미술관 산책은
둘에게 모두 상쾌한 기억으로 남아 있다.

인테리어를 공부한 친구와
옷을 공부한 나는
다른 장소에 살고 있는 지금도
여전히 그날처럼,
좋았던 전시나 장소
새로운 영감을 공유하고는 한다.

분야는 다르지만 디자인이라는 큰 영역 안에서
서로에게 자극을 줄 수 있다는 것이 감사하다.

MoMA, New York

새로운 도시나 장소에서
시간이 허락한다면
미술관은 꼭 챙겨 보는 편이다.

어렵지 않은 방법으로
잠시 다른 세상에 온 듯한,
재미난 요소들이 곳곳에 숨어있는
미술관을 찾는 것은
여행 속의 작은 여행을 떠나는
기분이 들곤 한다.

때로는
미술관의 건물이
그 속의 사람이
누군가의 작품이
한 장의 사진이
작은 영감이 되는 시간들.

천천히 걸으며
작은 영감들을 꼭꼭 씹어 삼켜 둔다.
잘 소화시켜, 언제고 다시 꺼내어 볼 수 있도록.

Solomon R. Guggenheim Museum, New York

자연과의 조화,
루이지애나 현대미술관

미술관 자체가 하나의 예술작품 같다고 생각된,
나의 마음 속 보물 창고 같은 미술관은
코펜하겐에서 스웨덴으로 가기 위해
헬싱괴르를 향해 가던 길에 만난
루이지애나 현대미술관 Louisiana Museum of Modern Art
이다.
주택 같은 외관에 담쟁이 덩굴이 자라 있어
소박한 분위기를 풍기는 입구를 들어 서면
자연스럽게 흐르는 동선을 따라
방대하고도 놀라운 양질의 기획 전시 공간이
이어진다.
전시 공간의 곳곳에서는
미술관에 맞닿은 창 밖의 자연 경관들이
전시된 작품의 배경으로 등장해
또 하나의 작품을 만들어 낸다.

실내 전시를 감상하고 난 뒤에는
바다를 바라보며 간단한 점심을 먹을 수 있는
멋과 맛이 있는 야외 카페를 만나게 된다.

그리고 카페의 산책로를 따라가면
소박한 입구에서는 상상할 수 없었던
넓은 야외 전시 공간이 탁 트인 바다가
펼쳐진다.

이토록 섬세하고 영리하게
주변의 자연 경관과 미술관,
그리고 사람이 어울리도록 만든
그 마음과 노력에 감탄을 그칠 새가 없었던
장소이다.

무지갯빛 산책,
아로스 오르후스 쿤스트뮤지엄

때로는 여행에서 만난 친구에게서
새로운 여행의 목적지를 소개받기도 하는데
오스트리아 할슈타트의 캠핑장에서 만난
덴마크 친구는
덴마크 여행을 앞둔 우리에게
덴마크 제2의 도시인 오르후스와 그곳의
아로스 미술관을 추천해 주었다.

그 지역을 잘 아는 사람들의 추천은
언제나 옳은 법이니,
그를 믿고 계획에 없던 오르후스에
들르기로 했다.

오르후스의 시내에 자리잡은
아로스 오르후스 쿤스트뮤지엄 ARoS Aarhus Kunstmuseum 은
무엇보다 미술관 건물 옥상에 떠 있는 듯 설치된
레인보우 파노라마 rainbow panorama 가
미술관을 향해가는 내내 눈길을 사로잡았다.

무지갯빛으로 둘러싸인 원형의 통로를 걷다 보면
각각의 색을 통해 바라본 여러 각도의
도시 풍경이 작품이 되고
그 공간을 거닐고 있는 사람들이
다른 누군가에게는 피사체가 되는
재미난 공간이었다.

할슈타트의 캠핑장에서 그를 만나지 않았더라면
경험하지 못했을 무지갯빛 산책.
가끔은 우연의 힘이 우리를 무지개로 인도한다.

세잔의 아틀리에

프랑스 남부의 아름다운 도시
엑상 프로방스에는
폴 세잔의 향기가 도시에 가득하다.
그의 발자취를 따라
그가 사랑했던 도시를 걷다 보면
폴 세잔 아틀리에Atelier Cezanne를 향하는
표지판들이 나타나고
한적한 언덕 위에 자리잡은
그의 작업실에 다다른다.

그가 쓰던 붓, 입던 옷, 주고 받은 편지들까지
당시의 모습과 거의 똑같이 보존되어 있는
그의 아틀리에는
오후 햇살이 잘 스며드는 2층에 자리하고 있었다.

영화 '미드 나잇 인 파리'의 주인공처럼,
과거의 시간 속에 들어와
주인이 잠시 자리를 비운 사이에,
슬쩍 그 공간에 몰래 들어와 있는 기분이 들었다
문을 열고 세잔이 곧 들어올 것만 같은……

잠시 동안의 달콤했던 시간 여행을 끝내고
세잔의 아틀리에를 나서는 발걸음에
따뜻한 남쪽 나라 나의 고향 골목길이 떠오르고,
언젠가는 그 곳의 오래된 고향 집에서
작업을 하고 있는 나의 모습을 상상해 본다.

시간을 간직한 풍경

언젠가부터 아침잠을 깨우는 것은
집 앞에 지어지고 있는
아파트 건설현장의 소음이다.

오래된 다가구 주택들이 밀집되어 있던 곳들이
하나 둘 허물어져,
브랜드 아파트들이 들어서고 있다.

집 앞 복도의 창문에서 보이던 남산도
새로이 들어선 아파트에 가려질 시간이
얼마 남지 않았다.

오랜만에 다시 찾은,
연애 시절 남편이 살던 자취방도
새로이 지어질 아파트에 흔적도 없이
사라져 버렸다.

오래된 동네의 골목길이
추억이 깃든 장소들이
생각보다 빠른 속도로 점점 사라져 간다.

그곳에 살던 사람들은 다 어디로 갔을까,
그 사람들이 오랜 시간 쓰던 물건들은
다 어디로 갔을까란 생각이 든다.
누군가의 손길이 묻었을 작은 액자,
시계바늘이 멈춘 시계,
나보다 나이가 많은 의자,
세월에 바래진 페인트칠.

시간을 간직한 풍경과 물건에는
누군가의 삶의 흔적이 만들어 낸
독특한 분위기와 이야기가 있다.

부디,
누군가의 이야기가
너무 쉽게 잊혀지지 않기를……

삶의 흔적이 남아 있는 물건들을 만날 수 있는
벼룩시장 구경은 언제나 즐겁다.
때로는 아주 싼 가격에 보물을
발견하기도 하니까.
뉴욕 브루클린의 벼룩시장에서 나에게로 온
누군가의 세월.

주인할머니의 어머니로부터
이어져 온 물건들이 가득했던
아스토리아의 빈티지 샵에는
60년이 넘은 홈 패션 서적이
보물처럼 간직되어 있다.

세월에 바랜 색감이 멋지던
파리 마레 지구의 어느 모퉁이.

1972년에 세상을 떠난
보르게 모겐센Borge Mogensen이
1962년 1963년에 디자인한
가구들이 있던 ROOM 107.

나보다 나이가 많은 가구들에게서
내가 살아 보지 못했던
그 시대의 정신을 느낄 수 있던 공간.

대니쉬 디자인의 역사가 잘 간직된
코펜하겐의 알렉산드라 호텔.

이 순간을 기억해

여행을 하다 보면,
생각지도 못했던 멋진 풍경을 마주할 때가 있다.

오레곤 여행에서
만난 캐논 비치가 그랬다.
포틀랜드에서 태평양을 향해 달려간
오레곤 코스트에서 만난 아름다운 해변은
핑크빛 선셋의 낭만이 가득한 곳이었다.

자유롭게 모래사장에 자리를 잡고
지는 해가 부리는 마법같은 풍경을 마주한다.

아름다운 젊은이들이 바다를 향해
거침없이 뛰어들고
나이 지긋한 중년의 부부는 강아지를
데리고 산책을 하고

로맨티스트 아저씨는 기타를 연주하고
부지런한 여행자들은 카메라로
시시각각 변하는 풍경을 담아낸다.

여행의 이런 순간들을 대비해 챙겨 온
피크닉 매트와, 거즈 담요, 키친크로스는
우리의 머무름을 더 따뜻하게 만들어 준다.

피크닉 매트 위에 앉아
키친크로스에 고이 싸온 체리와 와인을 마시며
이 풍경에 젖어 든다.

이 순간이
오래도록 기억에 남을 것을 예감하면서.

패브릭의 분류

섬유에서 실을 뽑아 그 실로 만든 패브릭은
조직과 섬유의 종류에 따라 분류할 수 있다.

패브릭의 대표적인 두 가지는
직물(woven 우븐) 원단과
편성물(knit 니트) 원단이다.
이 외에도 레이스, 펠트 등의 패브릭이 존재한다.

직물, Woven

직기로 제작하는 직물 원단은
길이 방향의 경사와 폭방향의 위사가 교차되면
짜여진다. 직기의 종류에 따라 조직의 모양은
다양하게 만들어지는데 평직, 능직, 주자직으로
크게 분류된다.

평직은 경사와 위사가 한 올씩 교차되는
가장 제직이 간단한 기본적인 조직으로
대표적인 원단으로는 광목, 포플린이 있다.

능직은 표면이 경사와 위사가 두 올 이상
교차되며 만들어내는 사선으로 보이는 표면이
특징이 있으며 Twill 조직이라고도 한다.
경사와 위사가 만나는 조직점이 평직보다 적어
평직보다 유연하고 두꺼운 조직을 만들기에
적합하며 대표적인 능직물로는 청바지를 만드는
데님과 타탄체크의 타탄, 헤링본, 개버딘 등이
있다.

주자직은 수자직이라고도 불리며
경사와 위사가 평직과 능직과 달리
경사와 위사가 규칙적으로 교차되지 않으며
조직점이 드문드문 나타나는 것이 특징이다.
이로 인해 유연하고 부드러운 표면을 얻을 수
있으나 마찰에는 약하다. 대표적인 수자직
원단으로는 표면이 매끄럽고 드레이프성이 좋은
공단 Satin 원단이 있다.

편성물, Knit

시장에서는 '다이마루'라고 통용되기도 하는
니트 Knit 조직은 경사와 위사가 교차하는
방식인 직물과 달리 스웨터를 짜는 것처럼
하나의 실이 루프를 만들어 이어지는
패브릭이다.

우븐 조직과 비교해 신축성이 좋고
통기성이 좋아 티셔츠나 트레이닝복 등의
편안한 소재감이 어울리는 옷에 주로 사용된다.

원단 시장

동대문 종합시장 위치 : 지하철 1,
4호선 동대문역 9번 출구 동대문
종합시장은 크게 A, B, C, D
4개의 동과 신관으로 이뤄져 있으며
A, B, C동은 홈페이지를 통해
업체 정보를 확인할 수 있다.
http://www.ddm-mall.com
02.2262.0114

동대문 원단 시장은
대부분 비슷한 조직과
원단들이 모여 있어
어떤 조직의 소재를 찾느냐에 따라서
목적지를 정할 수 있다.
니트 원단 : 코튼류 : D동 2층
니트 원단 : 합성섬유류 : C동 2층
우븐 원단 : A동 3층, D동 3층
레이스 원단 : B동 2층
화섬 원단 : B동 3층
퀼트, 액세서리, 공예류 : A, B동
5-6층
실, 털실, 커튼류 : A, B, C동 지하
가위, 자, 실 등의 각종 부자재 : A, B,
C, D동 1층
한복, 주단 : A동 2층

퀼트 원단, 패턴 원단의 대표적인
두 업체인 네스홈과 데일리라이크의
동대문 종합시장 매장 정보.
두 군데 모두 홈페이지를 통해서도
원단 구입이 가능하다.

네스홈 : A-5-115~118
www.nesshome.com

데일리라이크 : B-6-069~071
www.dailylike.co.kr

방수 / 패턴 원단을 구입할 수 있는
동창상회 : B-2-2379-11
2278-5935

루디아 : A-2-2248~2250
2278-84055

동대문 종합시장의 경우 매장에 구비된 원단을 바로 구매할 수 있기도 하지만
원단이 별도의 원단 창고에 보관되어 있는 경우 원단 주문 후, 몇 시간 정도 후에
원단이 매장에 올라오는 경우도 많다.

마음에 드는 원단이 있다면 스와치를 먼저 수집한 다음 매장에 전화를 걸어 원단
주문과 픽업 시간을 미리 확인하면 수고를 덜 수 있다.